陶然 編著

操縱人心
說話術 全集

THE ART OF Speaking

作家吉普林曾說：「**語言，是人類所使用的最有效的藥方。**」

遭遇的情況多麼糟糕，只要妥善運用語言的力量，就一定會出現驚人的「療效」。

操縱人心的人，必定懂得發揮語言的威力，讓自己無往不利。

不難見到，無論是政界、商場、學界，或是其他領域，最受人歡迎的，永遠都是善於運用言語力量的佼佼者。

語言藝術的人，知道如何巧妙引導別人

自己的想法，順利達成目的。

的，

得語言藝術，

能眼睜睜看著自己

人際困境，寸步難行。

站在對方的角度，
把話說得
恰到好處

出 版 序　　　　　　　　　　　● 陶　然

把話說進別人的心坎裡

期望無往而不利，
少不了得培養自己的口才。
不能僅僅是說話，
而是要把話說到聆聽者的心坎裡去！

　　人際關係專家畢傑曾說：「如果你想把話說到別人的心坎裡，就必須知道如何利用別人最喜歡聽的話，間接傳達你想要傳達的意思。」

　　的確，同樣的一件事，用不同的兩種話來表達，最後的結果往往大相逕庭。如果你可以在事前就知道你想要傳達的人喜歡聽什麼話，然後再用他喜歡聽的話間接傳達你的意見，那麼，對方欣然接受的程度肯定會高出許多。

　　繁忙的人際交往中，人與人之間的溝通對話不可避免。

　　一個會說話的人，每一句話都能打動人們的心弦，好像具有一種不可知的魔力，操縱著人們的情緒。他的一舉手一投足，嘴裡發出來的一言一語，彷彿都能影響到周圍空氣的鬆弛與緊張。

　　這種感染的力量是什麼？就是口才。

　　和別人接觸的時候，有四件事情容易被人用來當作標準，評定我們的價值，那就是我們做的、我們的面貌、我們說的話，以及我們如何說話。

可惜，許多人為了種種瑣事而繁忙，忘記最重大的事，缺少時間研究他們的「辭藻」，甚至不肯花一分鐘的時間思考如何充實自己的辭句、如何增加辭句的意義，如何使講話準確清晰。

有些人以為，只要有才幹，即使沒有口才，也可以達到成功的目的。

這種觀念並不完全正確，有才幹並且有口才的人，成功希望才更大。因為一個人的才幹，完全可以從言語談吐之間充分地表露出來，使對方更進一步地瞭解，並且信任。

美國費城的大街上，曾躑躅著一個無業的英國青年，不論是清晨或夜晚，總是引人注目地經過那裡。據他自己說，他想尋找一份工作。

有一天，他突然闖進了該城著名的巨賈鮑爾·吉勃斯的辦公室，請求主人犧牲一分鐘時間接見他，容許他講一兩句話。

這位陌生怪客使吉勃斯感到驚奇，因為他的外表太引人注目了，衣服已很破舊，全身流露出極度窮困的窘態，可精神倒是非常飽滿。也許是出於好奇，或者是憐憫，吉勃斯同意與這人一談。

想不到的是，他起初原想談一兩句話就好，然而一談起來，不是一兩句，也不是一二十分鐘，直到一個小時以後，談話仍沒有結束。

接下來，吉勃斯立即打電話給狄諾公司的費城經理泰勒先生，再由這位著名的金融家邀請這位陌生怪客共進午餐，並給了他一個極優越的職務。

一個窮困落魄的青年，何以能在半天之內，獲得如此美滿的

結果？

　　他的成功秘訣，就在於極吸引人的口才。

　　口才，是生活中應用最普遍也最難能可貴的說話技術。然而，與你交談的對象當中，有幾個長於口才？在日常的談話中，在大庭廣眾的集會中，你遇到過多少使你滿意的談話對象？曾有多少人，能夠把話說到你的心裡去？恐怕都是屈指可數吧！

　　不論是面對家庭，還是職場，甚至是整個社會，期望無往而不利，少不了得培養自己的口才，強化自身的說話能力。

　　不能僅僅是說話，而是要把話說到聆聽者的心坎裡去！

　　口才是現代社會必備的競爭資本，也是增強人際關係的要素，懂得把話說得更巧妙，懂得把意見滲透到別人心裡，更是商業社會的成功之道。

　　很多人失敗，並不是敗於實力不濟，而是不知道運用「語言」這項利器。唯有細心研讀並靈活應用語言的魅力，具備良好的說話能力，才能增進自己的各項能力，在商業社會遊刃有餘。

　　本書《操縱人心說話術全集》是作者舊作《操縱人心說話術》與《把話說得恰到好處》的全新增修合集，謹此向讀者說明。

1
PART

言語溫和勝過尖銳指責

人際相處，不可避免會有一些不愉快的事情發生，
面對這種情況，要少些批評、多些理解，
讓自己的溝通能力更上一層樓。

2
PART

讓語言充分發揮溝通的效力

假若人際交往過程中，少了「潤滑劑」，
行事將會碰到重重阻隔。
讓言語充分發揮溝通的效力，
摩擦、阻隔才會相對減少。

適當的讚美助你事半功倍

PART 3

當對方犯了錯誤，
不要毫不留情給予指責，
最好的溝通方式是透過讚美先緩和關係，
然後再給予適當責備。

站在對方的立場來說服對方

PART 4

如果從一開始就強調自己的立場，
彼此間的鴻溝就會越來越深，
當對方有了對抗的心理狀態時，
你是絕對無法說服他的。

善用誇獎，自然能如願以償

PART 5

拍馬屁不但不會讓對方開心，
有時候還會取得適得其反的效果，
讓人覺得噁心、虛偽。
唯有真心誠意稱讚他人，
才會為你帶來好處。

保持冷靜是解決糾紛的最好途徑

PART 6

身為下屬，必須謹記一件事情：
無論如何，都要讓自己保持冷靜，
同時做好自己該做的事。

站在別人的立場溝通想法

PART **7**

「用我們想去影響的人的立場來看」
是最有效的溝通辦法；
相反的，若是只顧著傳達自己的意見，
卻不考慮對方的立場，那結果必定很糟。

說話的態度左右你的前途

PART **8**

如果彼此有不同意見，
只需讓他們知道自己的看法就行了，
不必和他們激烈爭論，辯得臉紅脖子粗。

PART 9 遇到攻擊，不妨以幽默還擊

當別人以不友善的態度或言語來對待你時，
如果能以幽默的態度來回應，
那麼你得到的將不會是羞辱，
而是別人對你的深刻印象。

PART 10 別落入「好話」的陷阱裡

對你好的人不一定是好人，
同樣的，說你好話的人，
也不一定是真心地讚美你，
因為好話的背後，
或許還隱藏著一些你不知道的動機。

試著把話說得更好聽

PART 11

掌握說話的藝術，不代表你只能說好聽的話，
而是要學習如何把話說得更好聽一點，
每個人都喜歡聽好話，
只要誠實無害，何樂而不為呢？

閃避迎面而來的攻擊

PART 12

不動聲色地沉著應對，
看清楚對手攻來的方向，
看明白對手所持的武器，再伺機反擊。
萬一不幸避之不及，最好先求保命！

1.

言語溫和勝過尖銳指責

人際相處，不可避免會有一些不愉快的事情發生，

面對這種情況，要少些批評、多些理解，

讓自己的溝通能力更上一層樓。

出色溝通，讓你更接近成功

縱觀現代社會，無論是任何領域，凡是享有盛名的成功人士，無不善於運用言語的力量，說服別人、強化自己。

貝利果說：「言語的用途，在於裝飾思想。」

這是一個群居的社會，人人來自不同的背景，有著不同的脾氣、喜好、個性，自然而然，對很多事情的看法都存在著差異。

如此情況下，如何與人建立共識？如何「裝飾」自己的思想，讓它們更順利地為他人接受，甚至肯定？

毫無疑問，這考驗著每個人的溝通能力。

什麼是溝通？簡單地說，就是為人處事的方法和技巧。

成功大師戴爾・卡耐基認為，人際關係的確立是取得成功的重要因素，並曾指出：一個人事業的成功，只有十五％是由於他的專業知能，另外的八十五％取決於自身的人際關係、處事技巧好壞。

曾任美國總統的雷根，被譽為「偉大溝通者」，絕非浪得虛名。漫長的政治生涯中，他深切地體會到溝通的重要性，因此於總統任期內，始終保持著閱讀來信的習慣，每天都會要求自己閱讀重要信件，然後再一一回覆。

現任總統歐巴馬也是一位善於溝通的總統，常常利用媒體與

民眾進行面對面交流，藉以爭取支持。

由此可見，溝通已經成爲人際交流的一項重要手段，在人與人的交往互動中產生著至關重要的作用。少了溝通，等於迷失了通往成功殿堂的路徑，更缺少得到關愛的機會，自然也難以與他人建立起天長地久的穩固友誼，家庭生活就難以維持和諧。在競爭激烈的商業社會，「會溝通，好辦事」的道理，已逐漸爲人們重視。

日常生活中，溝通兩字經常從人們口中出現，可是，真正要做到靈活巧妙運用，談何容易？

當然，良好溝通並非「不可能任務」，只要掌握住正確方法和技巧，就有機會將人際關係與事業經營好，左右逢源、無往不利。

隨著經濟的迅速發展，人們生活水準日益提高，在廣泛的交際活動中，相對平等的概念越來越清晰，要求尊重他人的地位、尊嚴、人格，因此對溝通技巧的拿捏不可不慎。

都羅里斯曾說：「悅耳有力的話語，是人不可缺少的重要部分。」

確實如此，縱觀現代社會，無論是政界、商場，或其他任何領域，凡是享有盛名的成功人士，無不善於運用言語的力量，說服別人、強化自己。

溝通，已成爲人際交往必須借重的重要手段。

想要成功，你不能不與人溝通。

消除對方的「心結石」

如果知道別人腦袋裡有錯誤的思想、對自己有成見，就該像捉蟲子似地將它揪出來，如果姑息，那就是害了他，彼此的關係也不會改善。

在這個注重自我行銷的商業社會裡，說話已經成為專門藝術，因為，增強說話能力，不僅可以適時操縱人心，順利達成自己的目的。

口才好，懂得站在對方的角度，把話說得恰到好處，就能左右逢源。相反的，要是既不關心說話對象，又不懂說話的藝術，便註定處處屈居下風。

培養自己的說話能力，其實就從小技巧的訓練開始，只要願意開始，你就可以讓自己的言談技巧展現力量。

人的身體除了可能會有膽結石、腎結石之外，應該還會有「心結石」。所以，在人際交往的過程中，如果感到有人對自己有成見，而這個人對整件事又至關重要的話，就要先想辦法瞭解對方心中到底在想些什麼。

放任不管或冷漠以對，絕不是好辦法，要針對問題挑明解說，讓對方有重新思考的機會，如果對方能想得通，心裡的「結石」自然就會溶解啦！

　　例如，當年甘迺迪競選美國總統時，許多民眾雖然頗為欣賞他的聰明才幹，但是心中還是存有一些疑慮。

　　首先，他似乎太年輕了，美國歷史上還沒有這麼年輕的人當總統；其次是他的宗教信仰，甘迺迪是天主教徒，但當時天主教徒只佔美國公民的十分之一，民眾害怕甘迺迪當上總統後，會對人民的宗教信仰自由有所影響。

　　甘迺迪深知民眾心中的這些疑慮，他不但不迴避這些問題，反而針對大家心中的疑慮一一做了說明。

　　當競選對手譏諷他過於年輕：「要當總統，總得有幾根白頭髮吧？」甘迺迪提出的回應是：「頭髮白不白和能不能當總統沒什麼關係，最重要的是頭髮下面有沒有東西！」

　　他又對自己的宗教信仰問題做了說明：「就是因為天主教徒是美國的少數公民，所以如果我選上了總統，就代表這個國家尊重少數公民，以後黑人、黃種人、其他少數宗教的人都可以當總統了。」

　　甘迺迪所做的解釋不但一掃大家心中的疑慮，甚至還因此奠定了少數公民的票源，最後順利當選總統。

　　所以，如果知道別人腦袋裡有錯誤的思想、對自己有成見，就該像捉蟲子似地將它揪出來，如果姑息，那就是害了他，彼此的關係也不會改善。

　　不過，捉蟲子也要有技巧，像小蟲子跑進耳朵時，只要用燈照一照，蟲子就會自己跑出來，如果硬去摳耳朵，蟲子反而會越跑越裡面。相同的道理，捉別人腦袋裡的蟲子也是如此，可別硬「摳」，要想個比較有創意的方法，讓他腦袋裡的蟲子自己跑出來，硬來是絕對行不通的。

下面的故事正是個好例子。

徐錫麟先生是個出色的文學家、教育家，最後在辛亥革命中轟轟烈烈地為國捐軀。早年，徐錫麟在紹興中學堂擔任相當於現在副校長一職的工作時，發現有個家境還不錯的學生偷了東西，於是便將這個學生叫到辦公室來，問他：「你知道不知道我為什麼叫你來辦公室？」

這學生吊兒郎當地回答：「不知道。」

「我要告訴你一個好消息，我抓到了一個小偷了。」徐錫麟平靜地說。

學生一聽嚇了一跳，隨即故作鎮定地說：「喔！小偷在哪裡啊？」

徐錫麟遞給他一面鏡子，很嚴肅地說：「你看看，小偷就在鏡子裡。你仔細地看看他吧！看看他的外貌，再看看他的靈魂。」

聽到這段話，這名學生羞愧得抬不起頭來，從此痛改前非。就這樣，徐錫麟巧妙地拯救了一個正要墮落的靈魂。

在上述的例子中，若是徐錫麟用責罵的方式對待學生，說不定會激起該名學生的叛逆性，導致那學生的行為不但沒有改善，反而越來越糟，但徐錫麟懂得這個道理，因此改採勸說的方式，讓該名學生自我省悟。

當我們發現他人對自己有錯誤觀念、有成見時，應想辦法改變他人的觀點，只是這時若是硬要扭轉對方的看法，不但無法揪出他錯誤的觀念，還讓他逐漸加深成見，那反而造成反效果了。

學會用感性戰勝理性

在人際交往或說話之時，感性比理性更重要，用
動情的話打動對方的心，往往比高談闊論更能收
到意外的效果。

　　有一位美國少年站在地鐵的月台上，不小心摔到了鐵軌上面，
那時剛好有一輛電車迎面飛馳而來，雖然他在驚慌中萬幸地保全
了性命，但是身體卻受了重傷，失去了一對手腕。

　　於是，這個少年向地下鐵路公司提出控訴，要求賠償鉅額醫
療費用和失去謀生能力所衍生的損失，但是不論是地方法院的審
判還是高等法院的審判，陪審團和法官都認爲這不是地下鐵路公
司的過失，而完全是少年自己造成的。

　　因此，在訴訟過程中，這個少年每天心情沉重，過著鬱鬱寡
歡的日子。

　　終於到了最後判決的日子，經過最後一場辯論後，最高法院
竟宣判少年反敗爲勝，而且全體陪審員也一致贊同少年勝訴，應
該獲得鉅額理賠。

　　這完全是少年的辯護律師的功勞，在當天的最後辯論中，他
深知「當理性無法戰勝時，只有訴諸感性」的道理，充滿感情地
對陪審團說了這麼一句話：「昨天，我看到少年用餐時，直接用
舌頭去舔盤子裡的食物，使我難過得不禁掉下了眼淚。」

這句話使陪審團的態度峰迴路轉，最後做出有利於少年的有利判決。因為，人類畢竟是由感情操縱的動物，即使有千百個理由，也比不上一個令人感動的事實。

這個例子說明了，許多表面上看起來是理性的意見或判決，事實上往往是依賴人的感情和五官的感覺來做判斷的；同時也說明，當理性無法改變事實時，訴諸感情或感覺可以突破難關，更能誘導反對者變成贊成者，這是潛在心理學的突破點。

許多平常堅持以理性行事的人，感性更是他們的罩門，因為對於會隨著心情變化的情緒，他們更有著柔弱的一面。

這種人物的典型例子，在日本作家菊池寬的名著《考杉法官的立場》中，有淋漓盡致的描寫。

這本書主要描寫考杉法官是一個非常有名的人道主義者，平時他在審案判決時，總是同情罪犯，判刑判得很輕，而且判決過程總是反覆推敲、優柔寡斷，直到有一天夜裡，他自己家遭到強盜的襲擊，體驗到強烈的恐懼感，從此以後，他就變成了罪犯聞之色變的剋星了，每次審判時，總是給予罪犯最嚴厲的處罰。

上述的兩個例子，都提醒我們在人際交往或說話之時，感性比理性更重要，要懂得掌握人性潛在的弱點。用動情的話打動對方的心，往往比高談闊論更能收到意外的效果。

過度指責，溝通更受挫折

> 尖銳的批評和攻擊，所得的效果必定是零，因為你想指責或糾正的對象會為自己辯解，甚至反過來攻擊你。

　　英國作家吉普林曾說：「語言，是人類所使用的最有效的藥方。」

　　確實如此，無論遭遇的情況多麼糟糕，只要妥善運用語言的力量，就一定會出現驚人的「療效」。

　　在互動頻繁且情勢變化快速的現代社會，人際關係就像一把雙面刃，必須學會說話做事的各項技巧，確實運用於每個需要溝通的場合，讓身邊的同事、上司、下屬或是交涉的對象都成爲最好的助力，而非最大的阻力。

　　有的人只相信自己，不相信別人，讓人避而遠之；有的人總喜歡嚴厲地責備他人，使對方產生怨恨，不知不覺讓溝通難以進行，事情也辦得一團糟。

　　這兩種待人處世的方式都不理想，因爲只有不夠聰明、不懂溝通的人，才動輒批評、指責和抱怨別人。

　　不妨檢討一下自己，是不是也有喜歡責備別人的毛病？

　　若身爲公司主管，分配下去的某件工作沒有做好，我們很可能不是積極地去尋找原因，研究對策，而是指責下屬：「你怎麼

搞的？怎麼這麼笨？」

這種時候，下屬會有什麼反應？

他可能什麼也不說，但在內心會覺得你不近人情，從而導致怨恨產生。不快情緒日積月累，必會大大阻礙彼此的正向溝通互動。

有一則笑話是這樣說的：

這天，丈夫回到家，發現屋裡亂七八糟，到處是亂扔的玩具和衣服，廚房裡堆滿碗碟，桌上都是灰塵。

他覺得很奇怪，就問妻子：「發生什麼事了？」

妻子沒好氣地回答：「平日你一回到家，就皺著眉頭對我說：『這一整天妳都幹什麼了？』所以今天我就什麼都沒做。」

好指責就如同愛發誓，實在不是一種好習慣，會在傷害別人同時傷害自己，讓彼此都不好過。

接下來，讓我們看一些實際的例證：

一八六三年七月，蓋茨堡戰役展開。

眼見敵方陷入了絕境，林肯下令要米地將軍立刻出擊。但米地將軍遲疑不決，用盡各種藉口拒絕，結果讓敵軍順利逃跑了。林肯聞訊勃然大怒，立刻寫了一封信給米地將軍，以非常強烈的措辭表達了自己的極端不滿。

但出乎他人想像的是，這封信並沒有寄出去，林肯死後，人們在一堆文件中發現了這封信。

林肯為什麼不將信寄出？這是相當值得深思的問題。

也許林肯設身處地設想了米地將軍抗命的原因，也許他預想

了米地將軍見到信後可能產生的反應，可能會憤怒地為自己辯解，也可能會在氣憤之下乾脆離開軍隊；無論哪一種，都對大局無益。木已成舟，把信寄出，除了使自己一時痛快以外，還有什麼好處呢？答案是顯而易見的。

不要指責他人，並不代表放棄必要的批評，而是要要抱著尊重他人的態度，以對方能夠接受的方式表達意見。

有一家工廠的老闆，一天巡視廠區，正巧看到幾個工人躲在庫房吸煙。庫房是全面禁煙的，但這位老闆沒有馬上怒氣沖沖地責備工人說：「你們難道不識字，沒有看見禁止吸煙的牌子嗎？」而是稍冷靜了一下，接著掏出自己的煙盒，拿出煙給工人們說：「試試這個牌子的煙吧！如果你們能到屋子外去抽，我會非常感謝的。」

工人們一聽全都感到相當不好意思，紛紛捻滅了手中的煙。

我們喜歡責備他人，常常是為了表現自己的高明，有時也帶有推卸責任的目的。這都是不對的，想要讓對方順從自己，就要謙虛一些，嚴格要求自己一些，這只有好處，絕無壞處。

想責備別人的不是之前，請閉上嘴，對自己說：「看，壞毛病又來了！」這麼一個小動作，將可以幫助你逐漸改掉喜歡責備人的壞習慣。

尖銳的批評和攻擊，所得的效果必定是零，因為你想指責或糾正的對象會為自己辯解，甚至反過來攻擊你。

過往的成功溝通經驗告訴我們：學會寬容和尊重，才能更和睦地與人相處，與人共享生活的點滴樂趣。

言語溫和勝過尖銳指責

人際相處，不可避免會有一些不愉快的事情發生，面對這種情況，要少些批評、多些理解，讓自己的溝通能力更上一層樓。

擅長操縱人心的人，必定懂得發揮語言的威力，讓自己無往不利。我們不難見到，無論是政界、商場、學界，或是其他領域，最受人歡迎的，永遠都是善於運用言語力量的佼佼者。

懂得語言藝術的人，知道巧妙引導別人接受自己的想法，順利達成目的。相反的，不懂得語言藝術，就只能眼睜睜看著自己陷入人際困境，寸步難行。

每個人都有失誤的時候，因此不可過度苛求。

不得不批評他人的時候，應講究說話的技巧，不能用譏諷、挖苦的態度應對，傷害對方的自尊心。

以平和、溫和的態度去面對你的批評對象，剔除感情成分，將表情、態度、聲調加入到客觀的批評話語中，會產生較積極的效果。

對方有了缺點或犯下錯誤，如果一味橫加批評、講刺傷別人的話，或苛刻數落，例如：「你辦得怎麼這麼糟？」「做事為什麼這樣不細心？你這樣對得起我嗎？」等等，絕對不妥當。

絕大多數情況下，當一個人做錯事，內心會展開反省，覺得

抱歉、恐慌、不知所措，此時如果再加以嚴厲批評指責，他極可能會因此感到羞愧難過，甚至從此一蹶不振，無法再樹立自信。

因此，不妨換一種語氣，以取得較好的效果。

你可以這麼說：「以後做事，自己可要多加注意了。」或者：「我想，下次你一定不會再犯類似的錯誤。」

如此一來，對方不僅會感激你對他的信任，同時會感受到你付出的真誠，更重要的是有了改正錯誤的信心。懷著正向心態，在今後的工作、生活中，必能更加小心謹慎，不再犯同樣的錯誤，並且提醒自己留心以前不曾注意到的缺點、毛病，適時修正。

美國空軍有一位著名的飛行員，經常參加飛行表演。有一次，他在聖地牙哥舉行表演後，返回洛杉磯駐地途中，飛機引擎突然熄火。

雖然他憑著熟練的技術成功迫降，保住了性命，但飛機本身因此遭到嚴重損壞。檢查結果，發現是燃料添加上出了問題。

回到機場後，他立刻找上了為座機服務的機械師。

對方是個年輕人，正為因疏忽犯下的過失感到苦惱，深深自責，因為自己不僅毀了一架造價非常昂貴的戰機，更差點使機上三人送了命。

但是，出乎意料的事情發生了——飛行員沒有怒氣沖沖地批評、指責這位機械師的失誤，而是上前摟著他的肩膀說：「為了表明我堅信你不會再這樣做，希望你以後繼續為我提供優質服務，如何？」

後來，這位機械師不但沒有再犯錯誤，而且表現得更加出色。

　　試想，如果當時飛行員劈頭蓋臉就給這位機械師一頓諷刺打擊，或是嚴厲的批評，不僅會大大地傷害對方的自尊心，還會使他變得更沮喪、自卑、畏首畏尾，甚至放棄本來可以做得很好的工作，也放棄了整個人生。

　　人際相處，不可避免會有一些不愉快的事情發生，面對這種情況，要慎用辭令，巧於交際，少些批評、多些理解，如此才能讓自己的溝通能力更上一層樓，更受人歡迎。

攻「心」才能收得真正效益

適時加以讚美，可在行銷、溝通過程中助你一臂之力。語言要把握得恰到好處，力求生動活潑、貼切實際。

　　人人都說商場如戰場，如何在品牌眾多的商場上，把你的產品成功地推銷出去，說服顧客，使他們心悅誠服地購買呢？

　　語言溝通絕對是最重要的。在商場上，只有夠漂亮、能夠打動顧客心靈的語言，才是金玉良言。

　　使顧客由「不買」變為「想買」，可參考以下幾種方法：

● 巧設疑問

　　若顧客看了你的商品，轉身就走，便說明了他根本沒有購買意圖。這個時候，你再繼續講述該商品有多好多優秀都是徒勞，因為對方根本聽不進去。

　　但是，你若能巧妙地換一種辦法，使顧客抱著好奇心態停下來，傾聽你的講解，就有可能改變顧客的意圖，化「不買」為「買」，抓住寶貴商機。

　　如何激發好奇心呢？

　　很簡單，就是在適當的時候把疑問留給顧客。

● 投其所好

顧客拒絕你推銷的商品時，可能會說出不買的原因。

你可以抓住這個機會與他溝通，根據回答找出不滿意的原因，以及顧客真正的需要，投其所好，對症下藥。

但是，投顧客所好也要掌握分寸，一定要一針見血，一句話就說到對方心裡去，激發他的興趣。

顧客若有自卑心理，可以透過讚美消除，給他信心；顧客若是悶悶不樂、憂心忡忡，可以運用語言藝術說出更漂亮、幽默的話，改變當時的談話氣氛；顧客若不明事理、無理取鬧，不妨順水推舟，製造反差，使他意識到自身的錯誤，從而心悅誠服地接受你的意見。

想要順利與顧客展開溝通，必須先掌握顧客的心理，清楚他們在什麼樣的情況下需要什麼、想什麼，從而做成交易。

• 真誠相待

有些時候，顧客只是抱著隨意逛逛的心態，走進你的商店挑了半天，弄得亂七八糟，最後一件也不買。

這時候，身為老闆的你可能會相當生氣，該如何應對才好？

當著顧客的面說出自己的不滿，結果當然不言而喻。假若換一種心境面對，效果可能就大相逕庭了。

你應當將不滿的心情隱藏起來，耐心等待顧客挑選，並且笑臉相對。如此情況下，他極有可能會因為你的熱情誠懇而感動，心甘情願地買走某一樣商品。

某回，一個旅遊團走進了一家糖果店，參觀一番後，正打算離開時，服務員端上一盤精美的糖果到他們面前，柔聲地說：「各位好，這是我們剛進的新品，清香可口，甜而不膩，免費請大家品嚐，請不要客氣。」

　　盛情難卻，遊客們恭敬不如從命，但既然免費嚐了人家的糖果，不買點什麼實在過意不去，於是每人多多少少都買了幾包，在服務員歡喜的「歡迎再來」的送別聲中離去。

　　是什麼轉變了遊客的態度，從「不買」變成「買」呢？

　　自然是服務員耐心真誠的態度。

● 合理讚美

　　做生意時，不免要面對「大權在握」的客戶，這時不妨給予合理讚美，讓對方感到得意，同時做出一些讓人痛快的決定，以更彰顯他的「權力」。

　　來看看下面這個例子：

　　一次偶然的機會，李華結識了一位女士，對李華代理出售的豪宅很感興趣，但對價錢卻沒表態，留下一張名片便離開了。

　　李華看過名片，不由一怔，原來她是一家知名公司的副總經理。那位「女士」看起來貌不驚人，卻頂著「副總經理」的頭銜，李華認為，以她的經濟實力，絕對可以買下自己經手的這棟豪宅。

　　次日，李華打電話去向那位女士「行銷」，但對方只說了句：「太貴了，如果能便宜一點再說。」

　　事實上這是好事情，表示她對房子本身相當滿意，只是在價格上還有些問題。於是，李華要求直接與對方面談。

　　一走進那位女士的辦公室，李華便被眼前豪華氣派的佈置驚呆了。中間一張大辦公桌，右邊一套高級沙發，左邊還有一張大型會議桌，七、八位職員正在進行「小組討論」。

　　李華想也沒想，脫口而出：「您手下有這麼多人啊！」

　　那位女士笑著說道：「是呀！這些都是我的中階主管。」

「哇！他們都是主管，下面豈不是還有更多人？」

見對方點了點頭，李華禁不住讚佩道：「我見過很多男主管，但女主管有這麼大排場的，還是第一次看到。您的權力想必很大吧！如果不是自身夠能幹、有才華，絕對不可能辦到的。」

聽見如此恭維，那位女士自豪地說：「這只是一小部分。」

李華故作吃驚狀，高聲說：「太驚人了，那您做事一定很痛快、乾脆，很有大將風範。」

聽完李華的讚美，那位女士心花怒放，非但笑得合不攏嘴，還連連點頭說：「這棟房子我要了，不用等我丈夫來看，我決定就可以。就這樣說定吧！我們明天就簽約。」

就這樣，李華做成了一筆大生意。

適時加以讚美，可在行銷、溝通過程中助你一臂之力。但切記一點：讚美是一門藝術，語言要把握得恰到好處，力求生動活潑、貼切實際。若是漫無邊際、不假思索，讓聽者明顯感覺你在拍馬屁，只會收到反效果。

說話的魅力決定交際是否順利

展現良好風度、良好態度，就是展現說話魅力與
建立自我形象的保證。要努力做到這些，才能成
為一個成功的說話者。

一個人是否具有說話的魅力，會直接影響到他是否對對方具
有吸引力，也關係到他是否具有良好的人際關係，同時，還影響
到他能否在與別人說話時表現出自信。所以，訓練自己的社交能
力時，一定要增強自己說話的魅力。

構成說話魅力的因素是十分廣泛的。每個人說話的內容、說
話時的遣詞用句、構篇佈局的材料、手段，說話的語氣、語調，
說話的姿態、手勢、表情……等等，都可以決定他是否具有說話
的魅力。以下，我們先談談說話的風度。

德國戲劇家萊辛說：「風度是美的特殊再現形式。」

所謂風度，是指美好的舉止、姿態及表情等，說話的風度，
則是指透過言語表現出一個人的內在氣質，是一個人涵養的外化。

使自己具有說話的風度，是增強自己說話魅力的重要途徑，
因為良好的說話風度往往具有強大的吸引力。無論是男士談話中
剛毅穩健的氣質，還是女子談話中風姿綽約的魅力；不論是外交
官彬彬有禮的談吐，還是政治家穩重雄健的言論，都會令人仰慕
不已、無比傾心。

　　風度正是外在語言和內在氣質間的配合。首先，風度是品格和教養的體現，如果沒有一定的文化修養、沒有優雅的個性情趣，說話內容必然是低俗不雅。

　　其次，風度是性格特徵的表現，例如性格溫柔寬容、沉靜多思的人，往往是輕聲細語，而粗獷豪邁、性情耿直的人，通常說話是開門見山、直來直往。

　　此外，風度也是一個人涵養的表現，主要表現在處理人際關係時，展現不卑不亢、雍容大度的風範。

　　最後，風度是一個人說話時的選詞造句、語氣腔調、手勢表情……等等的綜合表現，如法官在法庭說話時，多是正襟危坐、不苟言笑、咬文嚼字。

　　說話的風度是各式各樣、豐富多姿的，洋洋灑灑、侃侃而談是風度；隻言片語、一針見血是風度；談笑風生、神采飛揚是風度；溫文爾雅、含而不露是風度；話題飛轉、應對如流是風度；輕聲細語、彬彬有禮是風度；慷慨陳詞、英氣豪邁也是風度。所以，每個人在培養自己的說話風度時，應根據自己的性格特徵、興趣愛好、思維能力、知識涵養等加以選擇。

　　另外，同樣一個人，在不同場合、不同環境下，說話的風度也會有所不同，例如領導者在公司分配協調工作，與在家裡跟家人閒聊時，表現的風度必然相差甚遠。

　　在日常的談話、判斷或演講中，我們可能會遇到這種情況，同樣的話，這個人說我們就很願意接受，但換成另一個人說時，我們不但不願接受，而且還會產生反感，為何會出現這兩種截然不同的結果呢？

　　這其實牽涉到一個人說話的態度，而說話態度又是說話者風

度的直接展現。

　　我們說話的目的，當然是爲了把自己的意思告訴他人，讓對方明白、瞭解、信服或同情我們。如果說了話，對方沒什麼反應，甚至不相信或產生反感，這就沒有意義了，說了還不如不說。

　　那麼，怎樣才能訓練出能使人信服的口才呢？

　　這就要求說話者既要瞭解自己又要瞭解對方，並努力從談話中培養出相互瞭解的氣氛，進而讓對方認同自己所說的話。

　　事實上，在談話過程中，無論說什麼都無關緊要，最重要的是態度。

　　如果態度良好，大家都願意談，但是，如果態度不好，那就算是再好的話題雙方也無法順利進行下去。

　　那麼，究竟怎樣才是良好的說話態度呢？那就是要對人有正確的瞭解和充分的同情，這兩點是良好說話態度的基礎；然而，如何把本身的瞭解與同情讓對方感受到呢？這正是良好說話態度的關鍵之處。

　　如果不注意，那麼即使你是很有同情心的人，若不能讓對方感覺到這一點，那也會被他人認爲是冷漠、驕傲、自私的。這正如你很關心自己的朋友，但朋友卻渾然不知，結果反而會受到朋友的誤解和埋怨一樣，這種情況是一種很普遍的現象，而且很令人難過。

　　因此，要注意一下在別人的心目中，自己究竟是什麼樣子，並要了解對方究竟希望自己怎樣表現，才能感受到你對他的理解與同情。

　　那麼，在日常生活中，或是與一般朋友的交際場合中，交談的對象會希望我們有怎樣的具體表現呢？

　　首先，別人希望我們對他的態度是友好的，希望我們願意和他做朋友；別人希望我們能體諒他的困難，原諒他的過失；別人還希望我們能夠適時關心他們，能幫助他們，能思考他們的問題，並且對他們提供有用的建議，與他們成為友好的、忠實的、熱心的朋友。

　　其次，別人希望我們對他本人和他所做、所講的事情感興趣。每個人都有這個希望，包括我們自己也是，因此，我們最好能做對什麼都感興趣的人。

　　也許，你容易被有興趣的人物、有興趣的話題吸引，卻忽略不太吸引人的人物，可是，如果想當一個成功的說話者就不該如此，應該要學會顧及全體，並且特別照顧那些不被人注意的人。

　　談話時，要顧及在場所有的人，雙眼要隨時在每個人的臉上停留片刻，對於那些不太講話、看似不太自在的人，要特別關注、要設法找些話題與他們交談，消除緊張不安的心情。

　　在說話時展現良好風度、良好的態度，就是展現說話魅力與建立自我形象的保證。要努力做到這些，才能成為一個成功的說話者，也才能使對方了解、信服你所說的話，讓互動更加順利。

學會利益均沾，做成大買賣

真正的成功者不僅僅靠財力取勝，更要透過高明
的溝通交際手腕，運用語言的藝術，轉變對方的
立場，從而獲得豐厚利潤。

成功的交際需要有效溝通作為基礎，若沒有好的溝通技巧為
交際做準備，再遠大的目標也只是空談。

鋼鐵大王安德魯‧卡內基之所以取得非凡的成功，就是因為
他不僅領略到這一點，更將此引申到為人處事上，於商場發揮得
淋漓盡致。

身處瞬息萬變的商場，該如何做好交際呢？

不妨參考以下三點：

● 良好的心理素質

商場交際過程中，難免會碰上一些令人感到尷尬、氣憤、興
奮的事情，這時保持良好的心理素質就顯得極為重要，因為這可
以直接體現出你的涵養、氣魄、度量，拉高印象分數，促成即將
進行的交易。

● 不要擺架子

不管權勢有多大、地位有多高，人與人都是平等的。擺出高
高在上的樣子，無非為自己的交際溝通設下無謂障礙。

● 投之以桃，報之以李

　　只知道一味地獲取，也是在商場交際中的一大禁忌。切記，一定要先權衡雙方的利益關係，才能讓交際溝通發揮最好效果。要更進一步明白這個道理，讓我們再以鋼鐵大王安德魯・卡內基的成功經驗為例。

　　在美國鋼鐵業界，安德魯・卡內基為什麼能有如此輝煌的成就？答案可能相當出人意料，並不是他對鋼鐵的製造過程懂得多，事實上，他手下的好幾百人，對鋼鐵都堪稱為行家。他的過人之處，在於知道如何運用交際溝通、運用人才，鞏固人際關係，達成目標，這才是賴以獲致成功的最主要原因。

　　有一回，卡內基想要把鐵軌賣給賓夕法尼亞鐵路公司，便暗中進行情報蒐集，知道該公司當時的董事長是艾格・湯姆森後，便馬上做出決定：在匹茲堡建立一座巨大的鋼鐵廠，取名為「艾格・湯姆森鋼鐵廠」。

　　試想，當賓夕法尼亞鐵路公司需要鐵軌的時候，董事長艾格・湯姆森會向誰購買？毫無疑問，當然選擇卡內基的公司。

　　關於卡內基的溝通智慧，還有另一則事例。

　　當時，他所控制的中央交通公司和普爾曼控制的另一家公司，為取得太平洋聯合鐵路公司的生意而明爭暗鬥。為了拿下工程合約，雙方大打價格戰，幾乎已到了毫無利潤可言的地步。

　　一天晚上，卡內基和普爾曼同時前往太平洋聯合鐵路公司，準備和董事會開會。

　　兩人碰面後，卡內基說：「晚安，普爾曼先生。您說，我們難道不是在出自己的洋相嗎？」

　　普爾曼感到相當疑惑，問道：「這句話怎麼講？」

　　於是，卡內基開始陳述起雙方惡性競爭的壞處，接著說出自己想要合併兩家公司的計劃，並把合作、互不競爭能夠得到的利益說得鉅細靡遺。

　　普爾曼聽得十分專注，沒有馬上表態，最後他問：「若是合併了，這個新公司叫什麼名字？」

　　卡內基立即回答：「當然叫普爾曼公司。」

　　普爾曼頓時對他的計劃產生了興趣，臉色一亮，說道：「這相當有意思，讓我們來進一步討論吧！」

　　毫無疑問，因為有出色的溝通技巧搭起橋樑，這項計劃獲得了極大的成功，在工業史上將留下了輝煌的一頁。由此，可以看出卡內基與人交際的高超之處，可以在關鍵時刻主動與人溝通，將劣勢轉變為優勢。

　　商業往來中，真正的成功者，不僅僅靠財力取勝，更要透過高明的溝通交際手腕，運用語言的藝術，轉變對方的立場，從而獲得豐厚利潤。

讓語言充分發揮溝通的效力

假若人際交往過程中，少了「潤滑劑」，

行事將會碰到重重阻隔。

讓言語充分發揮溝通的效力，

摩擦、阻隔才會相對減少。

加點「潤滑劑」，交往更容易

多給自己和別人留點空間，多學習溝通技巧是必要的。應儘可能地讓語言充分發揮「潤滑」作用，為獲得雙贏種下希望之果。

　　想要溝通順利，順利達成目的，就必須把話說進心坎裡；想要把話說進對方的心坎裡，就必須先看穿對方潛藏的心思，用對方最喜歡聽的話語，準確無誤地傳達自己的意思。

　　人際交往過程中，常有很多自作聰明的人，只想騎在別人的頭上，一副「唯我獨尊」的架勢，卻不知道這其實是最笨的做法，因為免不了傷害別人的自尊心，結果當然也就不言而喻了。

　　在商場談判中，總會出現一些僵持場面，究其原因，往往由於雙方不能達成共識，但是又都不肯退讓一步，以致完全沒有了溝通餘地。

　　這實在非常可惜，倘若彼此都能讓一下，坐下來，心平氣和地以溝通為目的展開對話，仍有極大可能達成共識。

　　如果在交談之初就能注意到這一點，收斂起自己的鋒芒，使語言更加溫和謙恭，往往能奠定好的開始，為接下來的交流營造出較愉快的氣氛，促進彼此之間共識的達成。

　　如此，對雙方來說，既達到了目的，又增進了友誼，一舉兩得。

應特別注意一點：若是意識到此次談判一定會有一番激烈討論，更應懂得迎合對手、使氣氛和緩的技巧，因爲它將有效促使達到雙贏。

「好話一句三冬暖」這句話流傳至今，更衍生出了「好話一句成買賣」的有趣說法，相信所有在商場經營有一段時間與相當心得的商人都深有體會，能夠理解這兩句話背後蘊藏的涵義。

在商機無限的現代商場上，有無數的合作夥伴可以選擇，關鍵在於你如何說服他人與自己合作。這種時候，只要能夠說出一句真正打動對方的話，就可能得到一次賺錢的機會。

與人交流溝通的最大忌諱，就是過於自我。

交談之時，如果總是一句話便將別人的好意或提案嗆回去，總是覺得只有自己的想法最好，只想將自己偉大的一面展露在別人面前，不給別人表現的機會，等同於不懂溝通，必然將招致失敗。

創造機會的一個好方法，在於使對方在交談過程中多說「是」。這個方法雖然乍聽好像不容易做到，可一旦達成，效果必定相當好。

舉個例子來說，如果這次談判是爲了使合作方案達成一致，你就應先開誠佈公地向對方表明自己的意向、合作目的，然後再繼續進行溝通。

這樣一來，一方面表現了己方的誠意，另一方面，使對方覺得你和他們之間存在著很多共同的利益，雙贏便勢在必得。

在商場上打滾討生活，免不了要要求自己做到八面玲瓏，但

要做到這點，必定離不開良好的溝通。

　　溝通是打開相互瞭解之門的鑰匙，更是結交盟友、擴大人脈網的前提。不懂溝通，就要學習溝通；沒機會展開溝通，則要主動爭取甚至創造機會。

　　「水能載舟，亦能覆舟」，溝通可以促成談判成功，也可能使交易失敗，所以，言談之時多給自己和別人留點空間，多學習溝通技巧是必要的。應盡可能地讓語言充分發揮「潤滑」作用，為獲得雙贏種下希望之果。

氣氛越輕鬆，就越容易成功

與人溝通的一大竅門，就在於找出彼此都感興趣的話題，將距離拉近，如此將有效消除雙方的陌生感，活絡談話氣氛。

　　身為商人，要靠做生意賺錢，就免不了得與客戶打交道、進行交流，否則無從獲利。既然彼此間有利益關係存在，更需要注意交流的方式。

　　初次見面，應給對方留下一個良好的印象。自我介紹時的言語尤其需要注意，必須審慎斟酌，力求做到適合本人的身份，不過度自我炫耀，也不自我貶低。與客戶溝通，應注意以下事項：

● 表達力求簡明扼要

　　與客戶交流時，應力求語言簡明扼要，能準確抓住重點，使對方有興趣和耐心繼續聆聽。

　　除了語言簡明，說話得體也很重要，因為不得體的語言容易造成尷尬的局面，甚至傷人自尊。

　　為了與客戶順利進行交流，一定要注意自己的語言表達方式。

● 製造輕鬆和諧的談話氛圍

　　與客戶交流時，由於雙方關係可能存在對立或不夠熟悉，容易使談話陷入僵局。為了有效避免這種狀況的出現，應當儘量製

造輕鬆、和諧的談話氛圍。

　　事實上，雙方必定都希望能在輕鬆自如的氛圍下進行交流，可是，很多時候卻由於找不到共同的話題，無法打破僵局。

　　這時候，大可以拋開主題，另尋一些有趣的話題，如此既活躍了談話氣氛，又淡化了彼此的陌生感。發生在自己身邊的一些小事物就是非常好的討論話題，越是與日常生活相關，越能引起共鳴，進而達到心靈上的溝通。

　　第一次世界大戰時，美國女權主義者南茜拜訪了英國首相邱吉爾。邱吉爾熱情地接待了她，但由於彼此相當陌生，一開始不知說些什麼好，氣氛自然顯得有些沉悶、尷尬。

　　邱吉爾畢竟是老道的政治家，為了打破僵局，於是開始說起一些家常趣事。他說：「一次，我和妻子吵架，她兩天不與我說話，後來我實在憋不住了，就對她說：『你這樣對我，不如乾脆點，直接往我的咖啡裡放點毒藥！』」

　　南茜出神地聽著，被邱吉爾的描述吸引了注意力。

　　邱吉爾接著又說：「她聽我這麼說，頓時覺得自己的做法有點過分，因為我的過錯畢竟沒那麼嚴重，不至於到要喝下有毒咖啡的地步哪！」

　　說完，兩人都笑了，氣氛得到明顯的和緩。

　　與人溝通的一大竅門，就在於找出彼此都感興趣的話題，將距離拉近，如此將有效消除雙方的陌生感，活絡談話氣氛，提高溝通成功的可能性。

利益來自與客戶的良好關係

商場上的客戶是很特殊的交往對象，不同於朋友、同事，因此在溝通時，必須時刻注意自己的身份，說話、做事掌握好尺度。

與客戶交流時，雖然要把握一定的原則，但也不必一副凡事公事公辦、說一不二的樣子，否則必定不利於雙方溝通。

商場局勢變化難測，因此聰明的生意人會更注重確保自己與客戶間的順暢溝通，畢竟能讓彼此的關係穩定發展，對生意經營本身有益無害。

與客戶互動過程中，以下幾點必須注意：

● 不要過分恭維

缺乏誠心、千篇一律的客氣話，必定會招致反感。

不愛聽恭維話的人自然不買帳，至於聽慣了的人，同樣不當作一回事，因為他們早已聽膩了那些不夠誠懇的奉承，根本不會因此增加對說話者的好感。

● 巧用幽默破解僵局

與客戶交流時，難免意見不合，發生分歧，如果雙方都堅持自己的原則，則很容易導致僵局出現。

碰上這種情況，不妨暫時轉移焦點，說個笑話，或者來段幽

默故事,緩和一下緊張的氣氛。

事實上,就客戶自身而言,也不願意見到僵局發生,因此絕大多數也願意見好就收,不會無理取鬧、窮追猛打。所以,不妨用幽默當潤滑劑,然後再進行之後的溝通。

• 保持風度與穩重態度

交往過程中,你的言談舉止能透露出自身的涵養與素質、知識程度以及品格情操。所以與客戶溝通時,要特別注意塑造形象,儘量表現得有風度且穩重,以增加客戶對你的好感。

• 不忘自己的身份

商場上的客戶是很特殊的交往對象,不同於朋友、同事,因此在溝通時必須時刻注意自己的身份,說話、做事掌握好尺度,絕對不可任意妄爲。

身在商場,與客戶溝通成功與否,將直接影響到自己的事業發展。

會溝通的人,通常比較成功。聰明且有至於發展的生意人,有必要多動腦筋,透過與客戶建立良好關係,掌握與客戶溝通的最佳方式與原則,從而更好地達到溝通目的,獲致成功。

有上進心，才能邁向成功

你必須站在對方的立場，了解對方的想法，並且
給予高度的評價與信賴，這是促使人們賣力工作
的有效辦法，可以運用在各種場合中。

能夠促使屬下積極完成任務的方法是什麼呢？

成功的領導者會這麼說：「要使屬下是基於本身意願而去完成任務。」

的確，能操縱對方的心，才是命令的最高境界。屬下本身即使想要往右前進，但如果領導者命令他「往左走」時，他也只能服從，但心中還是會不服；不過，如果領導者不需下達指令，就能使屬下本身認為「應該往左走」，那就是最理想的狀態了。

在這種情況下，屬下必定是積極、意志高昂，並且能夠發揮更好、更大的能力來達到上司的要求；下屬也會因此得到充實感與滿足感，即使工作迫在眉睫，也能從容不迫地完成。

只是，如何才能達到如此完美的境界呢？以下介紹幾種方法：

一、要使屬下有責任感

你可以試著以誠懇的態度對屬下說：「這件工作就拜託你了！希望你能好好完成它，大家都拭目以待。」

如此，下屬便會深受感動，更會感到自己對這件事的成敗與否有極大的影響力，因此就會努力振作、全心投入工作中。

二、激起屬下的英雄氣概

當你與屬下商討問題時，你可以故意說：「真傷腦筋，這個問題不知道該如何解決，你有沒有什麼好的點子？」

如果此時屬下回答：「如果這麼辦，應該可以！」你就趁勢追擊，並且鼓勵他：「這是一個好方法，那這件事就交給你囉！」

三、喚起下屬的自尊心

當屬下未將事情辦妥時，你可以刻意對他說：「這件工作果然很難辦，我看算了！」或是「這件工作還是要某某來做才行吧？」然後詢問他的意見。

此時，若對方是個自尊心強的人，相信他會拍胸脯保證說：「這種工作我也可以勝任啊！」然後便會更心地投入工作中。

若是下屬欠缺這種勇於任事的魄力，那你就可以明白他不是適當人選，最好還是不要讓他負責比較妥當。

以上三個辦法都是爲激起下屬的鬥力而使他們聽命於領導的策略。你必須站在對方的立場，了解對方的想法，並且給予高度的評價與信賴。

日本有句諺語說：「豬受到鼓勵也會爬上樹。」相信這也是促使人們賣力工作的有效辦法，你可以將這個原理運用在各種場合中。

笑臉迎人，勝算更多好幾分

溝通之時如果少了微笑，言語將顯得黯然無味，
將微笑與和氣融於溝通當中，就等於為談話添加
籌碼，為獲利種下希望的種子。

在商場上，和氣方能生財。

想要健全溝通，首先應試著用笑臉去面對合作夥伴、對手，
如此一來，即便處於不利地位，也能夠扭轉乾坤。

有人天生脾氣好，走到哪裡都能笑臉迎人，與人溝通、交往
的過程中，多半能佔便宜。由此可以知道，學會笑臉迎人，是一
種難得且富智慧的謀略。

漢初劉邦去世後，匈奴單于趁機欲侵吞漢朝疆土，還寫了一
封十分欺負人的信給呂后，信上說：「妳最近死了老公，我也正
好死了老婆，不如妳就帶著江山來跟我過吧！」

可想而知，呂后看了這封極盡侮辱能事的信，恨不得宰了匈
奴單于。但她到底是一個厲害的角色，冷靜衡量了利害關係後，
採取了微笑外交，順水推舟地回信說：「我老了，只怕不能待候
大可汗。不過，我們宮中年輕貌美的人倒有。」並送了一名宮女
和番，輕描淡寫地避過一場毀滅性災難。

當時，呂后要是負氣動武，結果可想而知。事實上，早在八

年前，劉邦便曾親率大軍征討匈奴，但一戰即敗，被困在山西定襄，差一點遭到活捉。劉邦尚且如此，更遑論呂后。

但硬的不行，軟的卻達到了目的。劉邦的戰爭策略失敗，呂后的微笑外交則確保了國家的平安。

以上例子說明，微笑外交是處於不利地位的弱者應採取的交際謀略，使人們得到喘息空間，能於隱忍中求發展。

至於在一般情形下，微笑外交的主要作用，則在於製造良好的生存發展環境與氣氛。用微笑去對待每一個人，你將發現溝通變得比想像更容易。

想要獲得別人的歡迎，必須先付出真心的微笑。

富蘭克林・貝特格是全美最知名的保險推銷員之一，他說自己在許多年前就發現了一個道理：**面帶微笑的人永遠受歡迎**。所以，在進入別人的屋子之前，他總會停留片刻，想想高興的事情，讓臉上自然而然展現出開朗、由衷而熱情的微笑，然後才推門進去。

千萬不要小看了微笑在溝通過程中可能產生的效用。用輕鬆愉悅的心情與滿腹牢騷的人交談，一面微笑、一面恭聽，你會發現過去感到討人厭的傢伙，全變成了受歡迎的人，曾經相當棘手的問題，現在全變得容易解決了。

毫無疑問，微笑帶來了更大的方便、更多的收入。你會發現，以前的自己很難與別人相處，可現在完全相反，因為你學會了讚美、賞識他人，從別人的觀點看事物。自然而然，你將擁有更多機會，更感到快樂。

一個不擅長微笑的人，在生活中將處處感到艱難。即便臉上

生來沒有微笑，也要練習在聲音或表情中加進微笑。

想要讓自己更受歡迎，你得做到下面這幾點：

● 不想笑的時候也要笑

或許，你認為太難了，明明不高興，為什麼還要微笑？但事實上，這就是談話之時最好的溝通方法。

無論心事多麼沉重、多麼哀傷憂鬱，與外界溝通時，還是應該將負面情緒收起，不要因為自己的憂鬱影響他人。

把煩惱留給自己，讓別人相信你現在非常愉快，在溝通中，即使你不想笑，仍要儘量保持微笑。

主動表露出高興情緒，人們也會跟著你笑。與別人分享自己的快樂，將能使大家臉上都帶著微笑。

● 用你的整個臉去微笑

必須明白，一個美麗的微笑並不單屬於嘴唇而已，同時需要眼睛的閃爍、鼻子的皺紋和面頰的收縮構成。

一個成功的微笑，範圍包括了整張臉。

● 運用你的幽默感

任何人都有幽默感，認為自己不懂幽默的人，不過是把它深藏在無人知道的角落裡。

跟別人在一起時，可以說說笑話，那樣有助於提升幽默感。但是，說的笑話必須慎選，萬萬不可是低級的笑話，或是尋別人開心的惡作劇，否則很有可能達到反效果。

● 大聲地笑出來

微笑具有魅力，發自肺腑的大笑同樣能使人深受吸引。

或許你也有過同樣的經驗，在電影院看電影時，會因爲聽見某位觀衆哈哈大笑，便跟著笑起來。這就是「笑」的魅力的最好證明。

上面所說的種種，都是練習微笑的好方法。

如果你是一個害羞的人，在別人面前無法自由自在地發笑，那麼，再告訴你一個小秘訣——對著鏡子，練習對自己微笑，等到臉上能泛起了真正的笑容，不感到彆扭後，再於人們面前呈現。

溝通之時如果少了微笑，言語將顯得黯然無味，倘若少了和氣，交流也無法進行下去。將微笑與和氣融於溝通當中，就等於爲談話添加籌碼，爲獲利種下希望的種子，產生極大幫助。

在商務溝通中爭取成功

如果你能確切掌握某一特定領域內的所有情況，
而你本身又是一個十分注重細節的人，說服力便
可能比任何人都高。

隨著商業活動越發頻繁複雜，面對面談判的機會自然增加。

商務談判既是雙方實力的較量，也是一場鬥智鬥勇的對決，是成是敗，足以產生極重要的影響，因此，任一方都不該輕易小覷談判的重要性。

如何才能在商務談判中獲取最大效益？其實有章可循，首要就在創造對自身有利的因素。

• 選擇最佳談判人選

絕大多數商務談判都需要多人一起參加，因為如果單獨一人參加，力量往往不夠。參與者的挑選，要根據談判的重要性、困難程度以及時間長短來決定。

挑出的談判人選是否適當，對談判結果的好壞，往往有十分重大的影響，有更足以決定成敗。每次談判時，人員的選擇都要根據具體情況進行分析，如環境、談判的方法和條件等，必須慎重地加以考慮。

團體談判有獨特的功能目的，需要團體中的成員能夠履行計劃和目標。進退有度的團體談判領導者，會利用成員作為讓步或

拒絕讓步的藉口,如:「我要問問其他人的看法。」

談判的首腦應該盡可能地發揮每名成員的長處,知道如何在談判過程中利用團體裡每個人不同的專業背景與知識,並將準確的資訊及時提供給他們,讓他們做出最好的建議或決定。

• 選擇對自身有利的場地

談判場地的選擇,也要根據情況進行具體分析。

一般來說,談判場地可以設在任何一方的辦公室裡,但是大多數人還是習慣在自己的地盤談判,因為感覺比較踏實。

若對方被邀請到你的地盤談判,在開始會談之前,可以先藉問候寒暄得知一些資料,掌握對手的某些情況,為接下來談判的展開,做好更充分、更有利於自己的準備。

談判場所的選擇,要盡可能滿足優雅、舒適兩大條件。房間的擺設,如燈光、座位等,都要在考慮之內,例如椅子坐起來應讓人感到舒適,視覺效果要好等等。這雖然都是小細節,卻足以決定談判的成敗。

值得一提的一點,是談判時座位的安排。

大多數人都會習慣性地認為桌子前端的座位象徵著權威,坐在這位子上的人,一般來說講出的話較被人重視。

有的談判方會故意設計場地的擺設,讓對手坐在較低、較不利的座位,因為在談話過程中,低座位者不得不仰視高座位的人,這樣一來,在氣勢上就已輸給了對手,坐高位者自然而然在氣勢上贏得了初步的勝利。

假如談判的地點設在對手的辦公室,出現以上的情況可能會不利於你,這種時候,「以毒攻毒」不失為一個好辦法——直接

坐到對手的位子上。直接表示自己的不滿，可以迫使對方重新安排位置，擺脫不利局勢。

• 在議程中增加有利於自身因素

談判的議程由哪一方來確定，實際上都各有利弊。

議程由己方來定，讓對方接受的好處，在於可使對方處於不得不被動自衛的劣勢中，還可以進一步利用議程排序，製造出種種對自己有利的條件。

擬定議程時，千萬不可流於形式。不成熟的議程只是印好的表格、契約或租約，沒有真正的意義。合格的議程應該提出需要討論的各種問題，問題的提出順序，則該由小到大，依次排列。這樣，就可以避免實際談判中的無謂浪費，把更多的時間留給更重大的問題。

另外，議程中的時間安排也需要注意。談判的時間和舉行地點同樣重要，一天中哪些時段，個人處於最佳狀況，何時處於最低潮，都有一定的規律性。

外部因素必須處理好，談判者的素質也需要重視。

每個人都可能有適合參與談判的潛能，關鍵在於如何加以挖掘並利用。以下是談判人員必須具備的能力：

• 較強的語言表達力

有些人的語言表達能力非常強，這就是他們最大優點，能夠清楚、簡練地表達內心的想法，使事情易於被人理解。由這樣的人參與談判，結果自然會比他們的預想來得更成功。

但是，也有些人會採用另一種溝通策略，把含混不清的說話方式作為一種談判手段，用模糊不清的語言迷惑談判對手，進而

使自己佔據有利地位。

● 細心

談判過程中的問題有主次之分，事實上，造成僵局的通常是次要問題。若只關注主要問題而忽略了次要問題，便極有可能致使雙方溝通不良、談判停滯不前。因此，必須細心留意所有情況。

● 耐心

耐心在談判過程中是極其重要的，甚至能轉劣勢爲優勢，而缺乏耐心則可能導致談判失敗。

● 不忽視細節

談判中，最具說服力者，就是注重細節的人。

如果你能確切掌握某一特定領域內的所有情況，而你本身又是一個十分注重細節的人，說服力便可能比任何人都高。

在合適的情況下，挑選合適的人進行商務談判，理所當然能夠達到的溝通效果最好，成功的機率也最高。

讓語言充分發揮溝通的效力

假若人際交往過程中，少了「潤滑劑」，行事將
會碰到重重阻隔。讓言語充分發揮溝通的效力，
摩擦、阻隔才會相對減少。

兵家有云：「知己知彼，方能百戰不殆。」

在當今這個商場如戰場的時代，在溝通中掌握對方的確切情
況，再加上一副伶牙俐齒，何愁不能藉言談取勝？

接下來，讓我們來認識一下如何「談判」。

各行各業都有一定的規範準則，談判中的溝通當然也不例外。
做好事先準備後，便該遵守以下幾項重要原則：

● 語言得體

得體的語言能使談判順利進行，同時也展現出談判者的風度、
涵養，以及所代表公司的完美形象，在對方心中留下良好印象。

● 真誠守信

真誠守信是商務談判中的一大準則，即便在語言激烈交鋒時，
仍要謹記以事實為基礎，以信譽為準繩，據「理」力爭。

● 平等互利

雖然談判參與雙方所處的位置為對立的，也有可能在某些方
面上有明顯的強弱差異，但在談判桌上，仍應擁有平等、相當的
權益，並得到尊重。

優越的一方沒有必要在言語上打壓弱勢的一方，否則必將阻礙溝通，影響談判的進度和效果。

以上三點是溝通中的重要原則，而在透徹掌握之後，還要做好事前的準備工作，因為它將決定談判的成敗。

能不能在溝通中掌握充足的資料，取得主導權，要看說話的方式、方法，這不僅關係到己方所做決策的正確性，還關係到在談判桌上能否佔有一定優勢，不被對手壓制。

想要在談判中取得勝利，必須做好的兩項工作，就是過程中的溝通，以及事先的材料蒐集。

商場交鋒展開之前，率先瞭解對手情況，做到知己知彼，從而掌握市場走向，取得溝通優勢，就能在談判過程中佔較大贏面，獲取巨大效益。

溝通，在人際交往中扮演著「潤滑劑」的角色。

試想，假若人際交往過程中，少了「潤滑劑」，將會發生什麼樣的狀況呢？毫無疑問，行事將會碰到重重阻隔。

給彼此留點空間，讓言語充分發揮溝通的效力，摩擦、阻隔才會相對減少。

投桃報李，建立良好互動關係

為對方多著想，將能明顯增強自己的說服力，從
而掌握談判進行的大方向。溝通過程中，最有效
的「說服」，是讓別人按照你的想法去做。

　　正如人與人的溝通很難永遠順暢，商務談判也不可能每一回
都順利地達成協議，因為參與雙方都在密切觀察對方，尋求談話
漏洞的蛛絲馬跡，以便取得更多的利益。

　　由於出發點都在確保自己的利益，談判參與雙方常常會有僵
持不下的情形發生，使溝通無法順利繼續。

　　想要使談判變得順利，建立良好溝通模式是必須的。良好溝
通模式可以促使雙方以更快的速度完成協定，並且找出對彼此真
正有益的方式，不浪費半點時間在談判桌上。

　　在談判場合建立良好溝通模式，有以下兩種方法：

● 變敵對為合作關係

　　能把溝通建立在雙方合作的基礎上，談判自然會朝著對彼此
都有利的方向前進。因此，談判展開之前，最好先要找出彼此的
共同利益，然後努力促成雙贏，使氣氛融洽。

● 投之以桃，報之以李

　　在談判過程中，運用投桃報李的方法，主動釋出善意，對建
立良好的談判關係有很大幫助。

在不過分損失己身權益的情況下，滿足對方感興趣的事情，將能促使感激心理產生，為雙方的溝通建立好的開始，使關係得以往良性方向發展。

在談判桌上，採取與對手針鋒相對、據理力爭策略同時，關心別人、體諒別人、設身處地站在他人立場著想的心態也不可完全忽略，因為這種溝通方法往往更有利於談判。

人是感情的動物，抱持「投之以桃，報之以李」的態度與人溝通交往，收效將超乎想像。千萬不要只把談判對手當成敵人，應放下敵意，試著與對方建立良好的互動關係，以求既順利且迅速地達成協議。

更進一步來看，建立良好關係同時，若期望有效戰勝談判對手，可以從以下兩個方向著手：

• 談判展開前，先威懾住對手

相信任何人都知道，好的開始是成功的一半，但也明白另一個道理，就是「萬事起頭難」。

開個好頭，對談判來說尤為重要。

談判開始時，每位談判者都要各就其位、各盡其責，針對談判內容展開討論。雖然這個階段在整個過程中只占很小一部分，卻非常重要，因為它將足以決定整場會談的基本方向。

此時，必須採取審慎態度應對，因為差之毫釐，失之千里。

• 從對方的立場看待問題

談判桌上，參與雙方在每個問題上的立場，基本上都是完全對立的，分歧在所難免。而雙方免不了又都會為各自的利益據理力爭，想盡一切辦法說服對手，使得談判向著有利於自身的方向

發展。

　　這種時候，人們往往會犯下一個同樣的錯誤，就是只顧自己，而不能從對方的立場看待問題。

　　雖然舉行談判的目的，就在於爭取對自己有利的東西，但若能稍稍在談判桌上為對方多著想，將能明顯增強自己的說服力，從而掌握談判進行的大方向。

　　溝通過程中，最有效的「說服」，是讓別人按照你的想法去做，但絕對為心甘情願的接受，不包含強求、壓迫等因素在內，這一點，值得所有有志於提升言語溝通能力的人牢記。

3.

適當的讚美助你事半功倍

當對方犯了錯誤，

不要毫不留情給予指責，

最好的溝通方式是透過讚美先緩和關係，

然後再給予適當責備。

出色溝通，少不了真心尊重

每個人都希望自己的特點和風格能受人接受並得到重視，用尊重態度待人，絕大多數溝通難題都能迎刃而解。

同樣一件事，用兩種不同的話語表達，最後的結果往往南轅北轍。如果你可以在言談間看穿對方正在想什麼，便可以巧妙地說出他最能接受的話，牽引對方的心思往自己設定的方向走。

與客戶溝通一定要掌握適切標準，不該說的別說，不該做的別做。無論如何必須牢記一點：客戶不是你的朋友，也不是同事，因此在尺度的拿捏上更需要注意。

一般說來，與客戶溝通時，要注意以下幾方面：

• 注意交談的內容與方式

與客戶交談，一定要注意對話內容與方式，為了便於溝通，可以在不觸犯隱私的範圍內適當地談點私人話題，或者對他來說比較重要的事情，以求拉近雙方的距離。

如果不注意與客戶交談的內容與方式，不能把握好應有的分寸，就有可能因為溝通不當導致負面結果。

例如，對方與你談及滑雪的技術和他對滑雪的喜愛之時，就算你本身對此一竅不通，或者根本打從心底討厭下雪和寒冷天氣，也應該表現出的禮貌與熱情，專心聆聽。

● 避免使用尖刻的言語

一對夫婦在一家店裡挑選手錶，選來選去，總是拿不定主意。東挑西選之後，兩人好不容易看上一只手錶，便向店員詢問價格。

沒想到，店員有些不耐煩了，竟然如此回答：「對你們來說，這只手錶明顯太貴了。有些人就連買一只一百元的手錶也要討價還價，但也有些顧客，即便看上的是一只一萬元的手錶，眉頭也不皺一下。你們應該明白，我願意為哪種顧客服務。」

聽完這番話，夫婦倆放下手錶，忿忿地離開了那家錶店。

不妨思索一下，這位店員的言語得體嗎？

相信答案絕對是否定的。過於尖刻的言語會得罪上門的客戶，將到手的生意推出去，怎麼看都不划算。

● 表達意見時，充分讓對方理解

有一次，一家美國公司向日本某企業進行推銷。從早上八點開始，美國公司的業務代表詳盡地介紹他們的產品，利用投影機把所需的圖表、圖案、報表打在螢幕上，熱情洋溢地宣傳著。

兩小時後，介紹終於結束，美國代表用充滿期待和自負的目光看著台下的三位日本商人，問道：「你們覺得如何？」

第一位日本人笑了笑，搖了搖頭說：「我沒聽懂。」

第二位日本人也笑了笑，跟著搖了搖頭。

第三位日本人什麼也沒做，只無奈地攤開了雙手。

美國代表大受打擊，面無血色，只見他無奈地靠著牆，有氣無力地說：「這是為什麼呢？」

為什麼近兩個小時熱情洋溢的辛苦介紹，最終毫無效果？

答案其實很簡單，因為美國人只單方面地按照自己認為合理的表達方式去做介紹，並沒有顧慮到對方是否能夠接收並理解，因而導致了「鴨子聽雷」的狀況。

所以，與客戶溝通的時候，一定要確認自己的表達能夠得到對方的充分理解，以確保溝通的效用。

• 尊重對方

每個人都渴望受到尊重，在商場上更是如此。

因為沒能付出應有尊重，導致破壞了溝通的氣氛，相當不值。

為了確保合作愉快，一定要把你的客戶當作重要人物來對待，讓他們體會到，你確實付出了特別的尊重，更看重彼此的合作。讓他清楚，你時時把他擺在重要位置。

如此一來，對方的自尊心得到了滿足，自然樂於再次合作。

不僅只有商場，現實生活中的狀況也是同樣，每個人都希望自己的特點和風格能受人接受並得到重視，都渴望獲得來自他人的尊重和信任，不願被等閒視之。用尊重態度待人，絕大多數溝通難題都能迎刃而解。

走對路，才能成功說服客戶

與客戶溝通時，先找到雙方的共鳴之處，以此為溝
通點，進行下一步的交流，比較容易達成共識。

在這個有能力也要懂得表達自己的商業時代，想要和別人進
行有效的溝通，就必須留意自己說話的技巧，使用最動聽的話語
表達自己的意思，把話說到對方的心坎裡，讓對方樂於接受自己
的意見。

一般來說，說服客戶要比說服其他人更難，因為與客戶之間
必定存在著利益與金錢的關係，因此，雙方都會比較慎重。

要想有效說服客戶，必須按照一定的原則進行：

● 說服之前，先瞭解對方

「知己知彼，百戰不殆」，適用於戰場，也適用於商場。說
服客戶之前，必須盡最大可能去瞭解對方的一些情況，這樣才能
有針對性地進行說服。

瞭解對方時，要注意以下幾點：

第一、看性格。

不同性格的人，接受他人意見的方式不一樣。瞭解對方的性
格，就可以根據以選擇出最合適的說服方式。

第二、瞭解對方的特長。

一個人總是對自己的長處感到自豪，想要說服他人，可以將對方的長處當作切入點，拉近彼此的距離，讓說服工作進行得更容易。

第三，摸清對方的喜好。

有人愛下棋、有人愛釣魚、有人愛畫畫、有人愛唱歌，總之人人都有自己的愛好。若能先從對方的喜好入手，再進行說服，較容易達到目的。

有些人不能說服對方，是因為事前沒有充分瞭解，無法運用適當的說服方式，自然就不會得到理想的結果。所以說，在說服之前，一定要充分瞭解對手與狀況，再針對性地採取相應的說服方式。

● 要耐住性子

如果你的觀點是對的，卻無法和對方達成共識，如此情況下，就該稍微緩一緩，不要操之過急。

人的觀點不是一兩天可以形成的，要改變也絕非一日之功。這時候就需要耐住性子，表現出不達目的不罷休的毅力。

掌握一定原則以後，進一步來看，想成功地說服客戶，需要運用有效的策略。一般說來，有以下幾項：

● 以情感人

人是感情的動物，往往以此主宰自己的行為。

說服客戶時，不妨先從感情方面入手，儘量營造出一種平和、熱情、誠懇的氣氛，使雙方能得到感情上的交流。

● 以退為進

心理學上有個名詞叫「自己人效應」，意思是說與人接觸，要取得人家的信任，就應該先讓對方認可你是「自己人」，如此方能消除陌生感，製造順利溝通的有利因素。

● 尋找溝通點

與客戶溝通時，先找到雙方的共鳴之處，以此為溝通點，進行下一步的交流，比較容易達成共識。共同的愛好、興趣、性格、情感、方向、理想、行業、工作等，都是很好的溝通點。

● 步步引誘

美國的門羅教授曾發明一種激發動機的說服法，程序如下：

1. 引起對方的注意。
2. 明確對方的意圖，把說服話題引到自己的問題上。
3. 告訴對方怎麼解決，指出具體的辦法。
4. 預測不同的兩種結果。
5. 說明應該採取的行動。

在說服的過程中，要儘量站在對方的立場上看問題，直到說服對方為止。與客戶溝通，在遵循原則的前提下進行說服，相信會有出乎意料的好收穫。

說服，需要事實作為輔助

要想說服對方，必須拿出充足的理論依據。提供切實的材料，比費盡唇舌的勸說更有力。

活在這個高度競爭的社會，和別人交談、溝通之時，如何巧妙地「裝飾」自己的想法，讓自己的言談內容更順利地爲他人接受，毫無疑問地政考驗著每個人的說話能力。

想成功說服別人，想提升溝通能力，就必須學會具體的方法與技巧，才能使自己左右逢源、無往不利。

一個人的溝通本領好壞、說服力高低，影響著與客戶交易的成與敗。

想要使客戶認同自己的觀點、接受自己的商品，說服力將產生極大的作用。

爲了更好、更完善地與客戶交流，必須掌握說服他人的技巧，使自己的說服力進一步增強，從而在與客戶的溝通中取得意想不到的好效果。

但是，很多人都忽略了一個道理：一個人的說服力高低，並不單單受到嘴上功夫控制，也會爲其他方面的因素影響。

以下幾點，是有效增強說服力的重要因素：

• 良好的儀表

美國心理學家塞克曾做過一個實驗，召集了六十名志願者，吩咐他們每人跟三位行人談話，請求他們支持一個發起反對校內早餐供應肉食運動的團體。

行動之前，研究人員對每位志願者的各種情況，諸如外表是否漂亮、口齒是否伶俐、能否令人信賴、能否說服人以及智力高低……等等，都做了詳細的統計與歸類。

實驗結果發現，在相同條件下，儀表良好的人一般比不注重儀表的人更容易成功。

這項實驗，清楚突顯了儀表可能產生的重要作用。所以在與客戶交往時，一定要注意自身儀表是否整潔。

• 同意對方的意見

心理學家透過多項研究，發現一個事實：要改變別人的意見，勸說者首先必須站在對方那一邊，取得信賴，促使雙方的關係融洽。達到這項目標以後，勸說的話便可以很快地產生作用，使對方接受。

為什麼呢？這是因為人都有一個共同的天性，希望得到別人的認可，並且對贊同自己的人抱持友善態度。

• 說服時有理有據

不管在什麼樣的情況下，要想說服對方，都必須拿出充足的理論依據。

向對方提供切實的材料，比費盡唇舌的勸說更有力，特別是對於一個猶豫不決的人，道理與數據勝過一切。

• 以事實說服對方

　　想要使人信服，以實例證明要比空洞的論述有效得多。

　　例如，有一位病人非常抗拒服藥，醫生為此費盡唇舌勸說他服用某種藥物，並告訴他這種藥物如何有效、如何神奇，舉出許多理論，可是這位病人仍不見得馬上就會相信。

　　與其如此，不如直接告訴他，另一位症狀相同的病人服用這種藥物之後，康復極快、效果奇佳，那麼很容易就能說服這位病人了。

　　有效說服，需要儀表加分，更需要有力事實作輔助。

言談有度，掌握語言的藝術

不卑不亢的說話態度、優雅大方的肢體語言、因
時地制宜的表達方式，三者合一，就是語言的藝
術。

人際交往溝通，絕對離不開語言。

語言可以將你送上事業的最高點，當然也可以把你打入低谷，
決定成敗的關鍵在於你怎麼去說，以及會不會說。

在辦公室裡，要如何與同事溝通交流呢？

● 發出自己的聲音

老闆真正欣賞的，不是唯唯諾諾的應聲蟲，而是那些真正有
思考與判斷能力、具自我見解的員工。

如果你經常對別人的意見持「無所謂」或者「無條件同意」
態度，你的光彩必定會被埋沒。

真正有企圖、有幹勁的人，不管身處的職位高或低，都會盡
可能讓別人聽到自己的聲音，大膽地說出自己的意見，不管是否
被採納。

● 語言要溫和

在辦公室裡與人說話，態度要保持溫和謙恭，讓人覺得有親
切感。動輒開口嗆人、損人絕對是大忌，也不要隨便用命令式的

口吻與人交談。

說話時用手指指著對方，會讓人感覺受到侮辱，是一種相當不禮貌的行為，應該時時提醒自己。

此外，在大家的意見不統一時，也不要自以為是地強迫別人聽從自己。除非是事關重大的原則性問題，否則沒有必要和同事爭得面紅耳赤、你死我活。

確實有些人天生口才就很好，但也要用在正確的地方，才能發揮作用。如果你要想展現自己，可以將說話本領發揮在商業談判上，千萬不要在辦公室裡逞一時之快，否則必會於同事心中留下不好的印象，使他們對你敬而遠之，久而久之，淪為不受歡迎的人。

● 適度收斂自己的鋒芒

倘若你的能力極高，或者正好是老闆眼中的大紅人，會不會因此得意洋洋地四處炫耀自己？

切記一點：驕傲使人落後，謙虛使人進步，無論能力多強，仍要謙虛謹慎。強中自有強中手，平時若不懂得謙虛待人，收斂鋒芒，必定會在吃癟時成為別人的笑料。

無論多麼受老闆重用，你都不能在辦公室裡炫耀，因為在得到表面上的恭喜同時，實際上，同事們正在內心深處嫉恨著你。

● 私事留待下班後

總有這樣一些人，藏不住話、性子又直、喜歡向別人傾吐苦水。這樣雖然能很快拉近彼此間的距離，獲得友誼，但心理學家調查研究證明，事實上，只有一％的人能夠真正對秘密守口如瓶。

因此，當你的生活出現危機，諸如失戀、婚變等，不要在辦

公室裡隨便向人傾訴，特別是工作上的怨言與困擾，更不該輕易吐露給讓身邊的同事知道。

　　聰明、懂得拿捏溝通尺度的人，不會犯這樣的錯誤。他們必定會儘量避免在工作場所議論是非，真的要想傾訴心事，也會寧可於下班後找幾個真正可信賴的知心朋友，找個隱密的環境，好好聊聊。

　　說話要分場合，講究分寸和方式方法，最關鍵是要「得體」。

　　不卑不亢的說話態度、優雅大方的肢體語言、因時地制宜的表達方式，三者合一，就是語言的藝術。

　　掌握這種語言藝術，將能夠使你更自信、嫻熟地與人溝通，從而在任何領域上獲得成功。

適當的讚美助你事半功倍

當對方犯了錯誤,不要毫不留情的給予指責,最
好的溝通方式是透過讚美先緩和關係,然後再給
予適當責備。

　　活在競爭激烈的商業領域,語言產生的影響力,遠比想像中
還要大,唯有不斷增自己的強說話能力,才能無往不利。

　　細心研讀說話的各種技巧,掌握對方的心思後加以靈活應用,
會使你更迅速擄獲人心,也更順利達成自己的目的。

　　人們受到責備時,多少會感到不痛快,因此必須謹慎行事。
成功的指責是一種讚美,失敗的指責則正好相反,足以導致人際
關係的動搖。

　　指出別人的錯誤,是對別人某項特質或某種行為的否定,而
否定又有輕重之別,應該針對犯錯者的個性採取區別對待,採用
適當的方法分別指出。

　　如果你是公司老闆,見到員工在工作中出現失誤,你就應當
講究指正方法,做到因人而異,使溝通發揮積極意義。

　　有的員工因為本身個性的原因,常常缺乏幹勁,沒有主動性。
對於他們的毛病,強硬指責往往無濟於事,因為主動性必須從內
心真正激發出來,而非僅憑外在壓力。

　　對待他們，指責只能是隱晦的，更適當的方法是進行激勵，或儘量調整職務內容，把工作與他們的專長和興趣聯繫。

　　以激勵替代指責，如此的溝通方法還能使員工產生責任感，在這種溝通模式下，員工必然心服口服，因為努力得到了承認，積極性也得到了肯定。

　　有些時候，你可能會碰上一些比較「特殊」的人，無論怎麼批評、怎麼指責，對方都只是聽之任之，我行我素，依然如故。

　　千萬不要因此動怒，事實上，還是有溝通的方法。

　　有位女經理，精明強幹，手下的一班幹將也都十分出色，但前不久一名助手因為遷居而調職，由一位剛畢業的大學生接任。

　　這位新來的女大學生，人長得漂亮，又很會打扮，專業能力也很強，但做起事來馬馬虎虎，接手不久便出了不少狀況。

　　女經理一開始還忍著，認為一段時間之後會有改善，但事與願違，對方仍然是老樣子。非但如此，這個女孩把任何批評、責備都當耳邊風，讓人又氣又急，偏偏拿不出辦法。

　　有一天，那位女經理突然靈機一動，決定改變溝通方式──減少責備，把重點放在稱讚對方的優點上。

　　一天，這個女孩換上一身新衣，梳了時下較流行的髮型來上班。女經理一看，覺得機會來了，便馬上稱讚說：「這身衣服真不錯，再配上這個髮型，實在漂亮。要是妳工作起來也能一樣漂亮就好了！」

　　女孩聽了，臉一紅，馬上意會到經理話中有話。

　　沒想到這個辦法真靈驗了，不出幾天，那女孩的表現就好了很多，一個月後，表現出非常出色的工作成績。

　　溝通的目的，在促進彼此理解，因此可以透過許多途徑進行，責備固然是一種，但最好少用。要使對方理解自己的想法，可以從另一個角度出發，利用稱讚來使他們改掉毛病，進而達成目的，提高整體的工作效率。

　　當對方犯了錯誤，不要毫不留情的給予指責，最好的溝通方式是透過讚美先緩和關係，然後再給予適當責備。

言而有信才受人歡迎

守信對領導者而言更為重要，因為領導者握有一定的權力，影響力遠大於一般人，所以若是言而無信，會帶來更惡劣的後果。

人與人之間的交往講求誠實互惠，更講求言而有信、言行一致，這也是人與人相處之時的基本準則。

語言是人與人之間重要的溝通媒介，如果我們與他人的交際時言而有信，那即便沒有高超的說話技巧，也能獲得他人的尊重；如果失信於人，那即使舌燦蓮花，還是會被對方鄙視。

所以，在與人相處的過程中，必須做到言而有信、言行一致，否則就會被人唾棄，毫無立足之地。

和人交際的一個重要目的是為了要準確表達出自己的思想、感情、意圖等，因而，當你對別人說「這件事交給我辦好了」時，絕不可以把它僅僅當作應酬語，說完就忘。既然你說了這樣的話，就要努力將事情辦好，讓對方感受到你是守信的。

如果同事因一筆買賣沒有談成，受到你們共同的上司責備時，因為你知道這件事不能全責怪同事，於是你說：「這件事我會替你向上司解釋的」，說了這話之後，你就要盡最大的努力為他開脫「罪責」。如果你沒把握能辦好，還不如當初就別答應，以免給人言而無信的印象。

「我實在無能為力」、「我試試看吧」和「我絕對可以辦到」這三句話表達了三種不同的意義，一定要視自己的實際能力來選擇應該說哪句話。

如果你明顯有能力幫忙卻不願積極提供幫助，或你高估自己的能力而輕易答應別人，又因能力不足失信於人，那麼即使你不是存心欺騙對方，也會引起誤會，甚至影響到彼此間的感情。

因此，如果你答應了別人某件事，就要確實履行，若萬一因為不得已的原因而無法做到時，也要及早通知對方，並誠懇地表達自己的歉意，盡可能地予以補救。同時，你也不能在失約之後還為自己做種種辯護，即使在極不得已的情況下失信了，也應該坦白地承認自己的過失和誠懇地向他道歉。

若是失信後又極力辯解，想證明自己毫無過失，那無論自己的理由多麼充分，都很難博得他人的同情與理解。

另外，雖然通過誠懇地向別人表示歉意，有時也能得到諒解，但切不可因此而頻頻失信於人，否則就會成為大家不願結交的人，進而影響工作與人際關係的發展。

守信是任何時代、任何社會都崇尚的美德，這一點對領導者而言更為重要，因為領導者握有一定的權力，影響力遠大於一般人，若是領導者言而無信，會帶來更為惡劣的後果。因此，領導者絕對要珍惜自己的諾言。

藉外在形象給人留下好印象

溝通的第一關，要靠良好的外在形象。千萬別小
看了形象的重要，掌握得好，可藉以在客戶心中
留下難以磨滅的好印象。

在現實生活中，人們都有一種共識，就是喜歡和有修養、懂說話、辦事具分寸的人打交道。與客戶交流時，如果能於對方心中留下良好的印象，自然將使溝通更加容易。

想要與客戶順利溝通，不能不要求自己給客戶留下好印象，至於提升印象分數的方法，有如下幾種。

● 儀容整潔

想要得到好的印象分數，保持儀容整齊清潔是關鍵。

整齊的儀容會使客戶對你產生好感，不至於感到嫌惡排斥，同時也讓自己心情舒暢、信心百倍。

要保持整齊的儀容，必須注意以下幾點：頭髮要乾淨清潔，千萬不能有頭皮屑，最好每天清洗。男性須經常理髮，並且每天刮鬍鬚；女性必須化淡妝，不要素著一張臉或者濃妝艷抹見人。

髮型保持清爽整齊即可，太過招搖顯眼、標新立異會給人不可信賴的感受，同樣不理想。

● 衣著大方

會見客戶時，穿著打扮一定要得體大方，給人以耳目一新的感覺，但不要奇裝異服。一般情況下，男性以西裝為主，女性則以套裝為佳，其他配飾如皮包、手套、耳環等可以配戴，但千萬不要過於華麗或寒酸。

曾有一位企業家總結過職場著裝十原則，表列如下：

1. 業務員應當穿西裝會見客戶。
2. 衣著式樣和顏色，要保持大方穩重。
3. 切忌佩帶一些代表個人身份或宗教信仰的東西。
4. 不要戴墨鏡或有色鏡片，因為容易使人感到輕浮。
5. 可以佩戴代表公司的標記，使顧客相信公司的信譽。
6. 可以攜帶公事包，有助於讓客戶相信你的言行和能力。
7. 帶上一枝比較高級的圓珠筆或鋼筆，以及精緻的筆記本。
8. 除非必要，否則不要脫去上裝，以免削弱你的權威和尊嚴。
9. 會見客戶之前，切忌食用辛辣或氣味不好的食物。
10. 可以稍微噴灑氣味淡雅的古龍水、香水。

● **言談得體**

得體的言談可以彌補一個人外表上的欠缺，尤其在和客戶溝通時，要注意保持談話速度適中、語音適量、身體略微前傾、面帶微笑，這樣才能給人一種親切、謙虛的感覺。

想要透過言談舉止給人好印象，可遵循以下原則：

1. 入室之前，先按門鈴或輕輕敲門，得到允許才進屋。
2. 看見客戶時，點頭微笑。
3. 客戶未坐定之前，自己不要先坐。
4. 遞送名片時，要用雙手。
5. 切忌隨手擺弄客戶的名片，應謹慎地收好。

6. 談話態度保持溫和積極。

7. 坐姿端正，身體略微前傾。

8. 認真傾聽客戶講話，雙眼誠懇地看向對方。

9. 客戶起身離席時，同時起身致意。

10. 與客戶初次見面時，先向對方表示打擾的歉意；告辭之前，真誠感謝對方的交談和指點。

● 保持風度

與客戶溝通時，要保持良好的君子風度，遵守以下原則：

1. 不與客戶起爭執，讓客戶感覺自己備受尊重。

2. 不主動貶低同行推銷人員、公司或產品。

3. 始終保持笑容與耐心。

4. 舉止文雅。

除去以上幾項，與客戶交往、溝通時，還有一點非常重要，就是保持良好的衛生習慣，不亂丟紙屑，更不在客戶面前做出擤鼻涕、掏耳朵、修指甲、打呵欠、翹二郎腿等不雅動作。

溝通的第一關，要靠良好的外在形象。千萬別小看了形象的重要，掌握得好，可藉以在客戶心中留下難以磨滅的好印象。

正確溝通的第一步，就從塑造形象開始。

化解身邊的矛盾與嫉妒

想要化解身邊困擾著自己的矛盾與嫉妒情緒，毫無疑問，你必須憑藉「溝通」這個有效法寶。

溝通不是萬能，沒有溝通卻是萬萬不能。

和睦的工作氛圍是提升團隊向心力與效率的關鍵，這種氣氛，是在同事、上下級間做好溝通的前提下形成的。

溝通可以使同事間的矛盾由大化小、小而化了，更可以修復因摩擦產生的心靈傷痕，創造其樂融融的工作氣氛。

溝通的最主要功效之一，在於化解矛盾。

親朋好友之間，磕磕絆絆在所難免，與同事相處的過程中，自然也免不了糾紛、衝突、多多少少會有不愉快的事情發生。

學會溝通，可以使一切糾紛矛盾在交流中得到化解，從而鞏固人際關係，帶動事業蓬勃發展。

工作中，面對一些同事做了對不起自己的事，說了對不起自己的話，應該充分利用溝通了解問題或誤會產生的癥結所在，加以化解。一味地針鋒相對、以牙還牙是錯誤的做法，絕對無濟於事。

遇到比較難以化解的矛盾，更要仰仗溝通，讓對方瞭解自己的想法。當然，這要以真誠的心為前提。若是心口不一，表面上

為了講和，實際上卻是在為自己辯解、推卸責任，必定收不到理想效果。

溝通的另一功效，在化解嫉妒。

嫉妒之心人皆有之，嫉妒的對象也因人而異，例如男人會嫉妒他人的地位、能力，女人會嫉妒他人的美貌，商人會嫉妒他人發大財，為官者會嫉妒他人順利升遷……等等。

從本質上說，嫉妒就是看不得別人比自己強的一種心理失衡。那麼，該如何避開嫉妒的暗箭，防止它傷害他人或自己呢？

我們可以參照以下幾點：

● 視而不見

面對嫉妒心很強的人，即使你對他再寬容友好，多半都無濟於事。最好的辦法是視而不見，不加理睬，因為與這種人往往沒有道理可講，更難以順利溝通。

「沉默是最有力的反抗」，對無法消除的嫉妒，就由它去吧！

● 不要輕易嶄露鋒芒

一個人若非常有才華，或者長相十分漂亮，難免會遭人嫉妒。在這種情況下，如果再刻意招搖，嫉妒者必定只會增加，不會減少，使自己成為被攻擊的對象，處於孤立的境地。

為了避免陷入如此困境，不如適度地對自己加以貶低、自嘲，或者在一些輕鬆的場合故意顯露出不足，以求得自保。

● 學會容忍，以德報怨

與具強烈嫉妒心的同事針鋒相對，不會產生任何作用。

　　事實上，你大不必因為對方表現的嫉妒而生氣，反而應該高興，因為那種表現證明了你的過人實力。

　　所以，你大可以寬容大度的心看待一切，與他友好相處，在適當的時候給他一分關心和幫助，適度化解一部分嫉妒。

　　想要化解身邊困擾著自己的矛盾與嫉妒情緒，毫無疑問，你必須憑藉「溝通」這個有效法寶。

4.

站在對方的立場來說服對方

如果從一開始就強調自己的立場，
彼此間的鴻溝就會越來越深，
當對方有了對抗的心理狀態時，
你是絕對無法說服他的。

如何解除別人的心理武裝？

如果你的對手防禦嚴密，而且表現得毫不通融的時候，你不妨先洩露自己的弱點，使對方解除戒心。

每個人都有不為人知的一面，或多或少都有些個人的秘密隱藏在心裡。

譬如，一個成就顯赫的人，通常不願別人探知他過去不光彩的歷史，諸如工作方面曾經遭遇失敗，或血氣方剛時犯下的大錯、肉體上的缺陷……等。

每個人都有自己的理由不願被人察知某些事，因此，便把個人的秘密便隱藏在心底，而且越藏越深。

正是由於個人的心事不願外露，所以人往往裝出一副毫無弱點的樣子來與人交往，時時刻刻小心翼翼地武裝自己。

不過，如果我們在說話辦事之際，懂得適時解除自己的心理武裝，毫不掩飾地袒露自己的一些小缺點，對方自然也會以輕鬆的姿態和我們相交。

通常，人對於故意掩飾的行動，常會投以有色的眼光，還可能故意往壞的方面聯想。但如果我們本身不再掩藏什麼，而是坦誠相見，向對方表達信賴與好感，對方自然也會展現誠意。

　　退一步說，即使對方不懷好意而來，面對解除武裝、曝露缺點且採取低姿態的一方，也肯定會將惡意轉變為好意。

　　如果你的對手防禦嚴密，而且表現得毫不通融的時候，你不妨先洩露自己的弱點，使對方解除戒心。

　　即使經常以嚴肅態度板起臉孔拒絕別人的人，只要你轉變態度，以信賴的姿態與他們交談，也會使工作意外地順利進行。

　　這是因為，人類一方面將自己不願讓人知道的秘密嚴密地隱藏，一方面又渴望將自己的秘密告訴某人。

　　其實，秘密是內心相當沈重的負擔，讓自己長久不安是很痛苦的事情，因而把心裡的不幸、不滿向相知的人傾吐，是人類本能的欲求之一。

　　揭露自我的缺點，可以巧妙地引導對方喚醒這種本能欲求，使對方向你透露本身的弱點和秘密，彼此之間的關係也會變得更融洽。

站在對方的立場來說服對方

如果從一開始就強調自己的立場，彼此間的鴻溝
就會越來越深，當對方有了對抗的心理狀態時，
你是絕對無法說服他的。

在錯綜複雜的人際關係中，不是每個人都有左右逢源的能力。要讓別人喜歡並相信你，除了要訓練自己的口才，還應當探究人的潛在心理。

懂得運用心理學的技巧，會使你深得人際交往的奧妙，而不會被一些表面現象所迷惑，並且能在自己和他人之間，架起一座心靈的橋樑。

美國第十六任總統林肯，曾經以一句「為人民而創造的政治」之名言，掌握了民眾的心，而為民眾所擁戴。

林肯總統在面對需要說明的場面時都會說：「我在開始議論時，就會將彼此意見的共同點尋找出來。」

林肯在有名的奴隸解放演說中，最初三十分鐘，只敘述一些持反對態度者所贊同的意見，然後再將反對者，按自己的目標逐漸地拉到自己這邊來。

林肯的說服方法，如果從潛在心理學來看，有兩個要點，第一就是人往往在被別人壓抑住自身的意見時，自己才發現真實的一面，反過來完全地信賴對方。

　　第二就是「自我發現」時，在主觀上仍非常相信就是自己的意思，而事實上，這往往是被說明者誘導出來的結果。

　　林肯運用這個技巧的秘訣，就是在演講的前三十分鐘，先巧妙地軟化敵方，也就是在開始時先強調敵我之間的共同點，引導對方，使他們一步步接受自己的觀點。

　　如果從一開始就強調自己的立場，彼此間的鴻溝就會越來越深，而演變成「如果你有那種想法，那我只好和你拼了」的局面。當對方有了這種對抗的心理狀態時，你是絕對無法說服他的。

　　因此，如果在交涉的場合有五項待解決的事情，而你在剛開始時，就能把五項中最困難的問題提出來，也不失為是一種好的做法，因為最困難的問題都能解決，其他的當然不會有什麼問題。

　　當然，對方必定也很在意大問題，所以也有可能從一開始交涉，就因決裂而使事態惡化。所以，在這種情況下，一個能幹的交涉者，往往在開始時以比較簡單的問題作為議題。

　　在討論這個議題時，他會說：「事實上也沒有任何別的問題，至少對於這個條件，我們的意見是一致的，下一個事項同這個事項也沒有多大的差別……」

　　如果五個問題中能用這種方法使對方贊成三個的話，那麼這個會議就差不多可以結束了，即使到了後面要討論最大、最困難的問題，只要採取這種方式，十有八九是都會成功的。

掌握尺度，把話說得恰到好處

為了使自身能力與事業得到順暢發展，與同事溝通交往時，一定要多留個心眼，多方注意。

阿諾德・本奈曾說：「日常生活中發生的衝突糾紛，大都起因於那些令人討厭的聲音、語調，以及不良談吐習慣。」

現實生活中，有些人人緣很好，極受歡迎，但也有些人處處得罪人。究其根源，在於說話方式是否夠聰明。

許多人想透過溝通增添生活情趣，希望借助交談的形式達到目的，卻往往弄巧成拙、事與願違。遇到這種情況，得先尋找自身原因，看看自己說話時是否注意到了以下幾點：

● **語言婉轉**

人人都有自尊心，只在強弱差別而已。

雖然人的職位有高低之分，但人格絕對是平等的。經常責怪他人，必定會一而再再而三地傷害他人自尊。用責問的口氣糾正別人，即便出發點是善意的，也會讓人感到難以接受。

有些人性格比較直，說話不喜歡轉彎抹角，這雖然不是什麼缺點，卻不好讓人接受。在辦公室與同事溝通尤其應當注意，避免說出過於尖銳、讓人下不了台的話，傷害彼此的感情。

與同事溝通交流過程中，要注意以下幾大原則：

- 避免嘮嘮叨叨

喜歡訴苦的人最容易犯這樣的錯誤，一見到別人，椅子還沒坐熱，就開始向他人哭訴自己的不幸，抱怨命運的不公。

可想而知，這種個性的人，絕對讓人敬而遠之，不願結交。

- 實事求是

與同事談話過程中，對自己不知道的事情，要虛心向他人請教，最忌諱不懂裝懂，更不該扮演心理分析學家的角色，對別人的言行胡亂猜測，以顯示自身知識淵博，經驗豐富。

人無完人，不可能事事皆通，能在某個領域得到出色成績就已經是很不簡單的事了。不懂裝懂的行為只會令人生厭，所以應實事求是。

- 給他人留些空間

有些人做什麼事都喜歡標新立異，以求彰顯自己，對他人做的任何事情都看不順眼，這種情況非常要不得。

也有些人自認高明，做什麼事都單獨處理，不肯與他人合作，將自己封閉起來，甚至認為這才是不隨波逐流的象徵。這種態度就是標準的自命清高，同樣不會受到歡迎。

- **把別人的話聽完**

現實生活中，具強烈表達慾望的人很多，總是不識時務地打斷他人的話，表達自己的看法，不管對方是否願意傾聽。

不妨將心比心想一想，說得興高采烈時被貿然打斷，感覺會好受嗎？毫無疑問，這種人必會為團體排斥。

與同事說話應注意尺度，避免因傷害導致日後的溝通障礙。

把話說得恰到好處，不僅對順利地開展工作很有好處，也能為辦公室營造出良好的工作氛圍。

● 不要於背後議論他人

小李在一家公司擔任業務員，最大的缺點是平時最愛在背後說別人的閒話。

一天，一位新來的業務員和他一起出去辦事。

回程途中，小李和這名新人聊起公司內部的閒話，說這項措施不好、那項也不怎麼樣，同事們有什麼樣的缺點，主管又有哪些討人厭的毛病，把全公司上下都批評了一頓。

第二天，小李一到公司就被主管找去，狠狠批了一頓。原因不言而喻，昨天所說的那些批評的話全都傳到了同事和主管的耳朵裡去，讓小李差點落得被公司解雇的下場。

當你在某位同事面前議論其他同事的短處，並要為你保密，對方即便嘴上滿口答應，心裡也一定會想：「你今天會在我面前議論別人，改天一定也會在別人面前議論我。」於是產生防範心理。

因此，千萬要記住，不要在背後說他人是非，因為這是人際相處明哲保身的最大忌諱，不僅傷害他人，也會給自己添麻煩。

● 正視自己的錯誤

若在工作中犯了錯誤，你可能會為自己辯解，找出一堆理由。即使這些理由全是真的，你也為解釋浪費了大量的精力，會得到什麼樣的結果？能得到他人的同情或者理解嗎？

很遺憾，恐怕都不可能。

與其如此，還不如默默尋找原因與解決的對策，積累經驗，重新開始，以最好的成績來取代解釋，讓人們打從內心欽佩。

同理，若你在無意間傷害到同事，與其刻意去解釋，不如真

誠地道歉。極力爲自己找藉口並不是聰明的行爲，往往只會越描越黑。

誰都難免因爲一時疏忽而犯錯，既然難以完全避免犯錯，真正重要的就是對待錯誤的態度。

大家同處在一個工作環境中，摩擦、糾紛在所難免，關鍵在於如何讓溝通發揮功效，及時應對處理。

無法處理好與同事的人際關係，必會影響到工作的正常進行以及事業的發展。爲了使自身能力與事業得到順暢發展，與同事溝通交往時，一定要多留個心眼，多方注意。

笑一笑，溝通少煩惱

千萬別吝惜向人展露出微笑。笑一笑，溝通更順暢，你將發現自己因此更接近成功，更少煩惱。

「微笑是一句世界語言」，這句話的可信度，無須質疑。

的確，現實生活中，最容易被人接受和理解的表情，非微笑莫屬。沒有人不會微笑，不管性別年齡差異或是地位高低，人人都擁有微笑的能力。它能給家庭帶來歡樂，讓朋友備感溫馨，是世界上最好的禮物。經常把微笑掛在臉上，是讓他人喜歡你的不二法門。

湯瑪斯・愛德華是一家上市公司的負責人，也是一位擁有億萬財富的富翁。在他取得成功之前，不過只是一家公司的小職員，不善言談、表情呆板，根本不受同事與客戶的歡迎。

後來，他決定改變自己，開始經常把開朗、快樂的微笑掛在臉上。很快地，所有人都意識到了愛德華的與眾不同。

他開始每天早上都對妻子微笑，這個小動作完全改變了夫妻倆人的相處氣氛，讓他感受到比過往更多的幸福。

對身邊每一個人，他都以笑臉相迎，對大樓的電梯管理員如此，對大樓門廊裡的警衛如此，對清潔人員同樣如此，更對所有的同事和客戶展露微笑。

理所當然的，每個人回報給他的也都是微笑。

就這樣，過往討厭他的人逐漸地改變了觀點，也與他拉近了距離。湯瑪斯・愛德華變成了一個受歡迎的人，曾經感到棘手的人際問題，全都得以順利解決。

愛德華的事例，清楚地說明了微笑的重要，這正是他後來取得成功的一大原因。因為學會了讚美他人、尋找他人的優點，站在別人的立場看事物，他擁有了快樂、友誼，成了一個真正幸福的人。

接下來，還有另一則與微笑和溝通相關的故事：

張主任所在的單位，有一個很難填補缺額的部門要招聘一名員工。張主任找到一個很合適的人選，並主動與對方通了幾次電話。交談過程中，他得知還有好幾家公司也希望延攬對方，且實力都比自己所在公司強。

想不到，幾番思索後，這位合宜人選竟向張主任表示自己願意放棄其他公司的邀約，接下這份工作。

後來，在一次午餐中，張主任終於得知這位優秀人才願意加入公司的原因。

對方是這樣說的：「其他公司的主任與經理，透過電話與我交談時，態度和語氣都非常生硬，相當拘謹客套，給我的感覺並不真誠。可是你卻完全不同，聽起來很親切，感覺確實是真誠地希望我能成為你們公司的一員。」

「當時，我似乎看到，電話的那一邊，你正面露微笑與我交談，因此我在聽電話的時候，也會情不自禁地以微笑回應。」

　　社交活動中，微笑是一項極有效的技巧，更是禮貌的體現，可以表現出一個人的涵養和水準。

　　曾有一位深深體會到微笑妙用的公司負責人這麼說：「在我決定對手下員工微笑以後，最開始，大家非常不解，感到不可思議，接下來收到的回應就是欣喜與讚許。一段時間之後，我感覺生活比過去快樂多了，能夠得到的滿足感與成就感也較過去來得更多。」

　　「現在，微笑對我來說，已成為一種習慣，我對別人微笑，別人回報給我的也同樣是微笑，過去冷若冰霜的人，現在全都熱情友好起來。我的人際溝通交流，得到前所未有的成功。」

　　千萬別吝惜向人展露出微笑。笑一笑，溝通更順暢，你將發現自己因此更接近成功，更少煩惱。

溝通方式，因「個性」制宜

只要你認真摸清每個同事的性格和習慣，擺正心態，真誠地與對方進行交流、溝通，解決各種難題就不會是問題。

　　每個人都有不同的性格、愛好、興趣，因此在溝通時必須注意這一點：針對不同性格的人，要以用不同的方法進行溝通。方法運用得當，自然溝通順暢，如果方法不當，定會引起人的反感，使結果適得其反。

　　與不同類型的同事溝通，應該採用不同的方法，嘗試去適應對方，而非讓對方來適應你。

　　以下，提供與幾種不同性格同事溝通的好方法：

● 性格比較刻板的同事

　　有些人性格比較刻板，常常是一副冷面孔，無論你多熱情地和他打招呼，他都是一副冷冰冰的樣子，令人不敢接近。

　　這種性格刻板的人，興趣和愛好比較單一，不愛和別人往來。其實，這些人也有自己追求的目標，不過不輕易說出來罷了。

　　與這類人打交道，非但不能被他的冷若冰霜嚇跑，還要用熱情加以感化，並且認真觀察，尋找出他感興趣的問題和比較關心的事，作為展開交流的媒介。

　　如此，相信他的死板性格將會慢慢被融化。

● 傲慢自大的同事

平常接觸到的同事中，多多少少會有一些表現傲慢者。

與這種人打交道，的確使人頭疼，但往往基於工作上的需要，又不得不和他接觸，這時，不妨採取以下方法：交談時儘量做到言簡意賅、乾脆俐落，不給對方擺架子的機會；其次，抓住他的薄弱環節，進行適當的「攻擊」，滅滅他的威風與銳氣。

● 沉默寡言的同事

和沉默寡言的同事溝通，也是件比較費力的事。

這樣的同事會使人感到一股沉悶的壓力，讓你沒辦法接近、瞭解他，更無從得知對方對自己是否有好感。

對於這類同事，不妨採取直接了當的方式進行交流，儘量避免迂迴式談話，讓他明白簡要地表示「行」或是「不行」、「是」或是「不是」就可以了。

● 爭強好勝的同事

爭強好勝的人狂妄自大、喜愛自我炫耀，凡事都想顯現出高人一等的姿態，自我表現欲強烈，期望自己什麼都比別人強。

面對這種人，就算內心深處有意見，為了顧全大局，仍該適當謙讓。但是必須注意一點：如果他把你的遷就忍讓當作是軟弱，變本加厲，更加不表尊重，你就該給予適當反擊，讓他受點教訓。

● 比較固執的同事

固執己見的人往往難以說服，無論別人說什麼，他都聽不進去。和這樣的人打交道，非但累人且浪費時間，往往徒勞無功。

所以，不得不與固執己見的人溝通時，要懂得適可而止，實在談不攏，就不必耗時費力了。

• 急性子同事

性情急躁的人，辦事比較果斷、草率，因此容易對事物產生錯覺和誤解，導致疏失產生。

遇到性情急躁的人，最好能將事情的順序辨明，按部就班解決，不要把問題一次性地全拋出去，以免除不必要的麻煩。

• 慢郎中同事

有急性子，自然就有慢郎中。與慢郎中同事交往，需要有耐心，即使他的步調總是無法跟上你的進度，你也必須按捺住性子，儘量配合。

在一個公司裡，會遇見不同類型的同事，為了工作順暢，免不了得與他們交流、溝通，建立起一定的關係。不要把這當作困難的事情，只要你認真摸清每個同事的性格和習慣，做到心中有數，擺正心態，真誠地與對方進行交流、溝通，解決各種難題就不會是問題。

善用讚美，更添成功機會

與同事溝通時，要能夠恰當地利用讚美增進雙方的感情，這麼做能有效改善工作環境與氣氛，有利於事業的發展。

想要與人展開良好溝通，微笑是必備的基本條件，另外還有一把能有效攻城掠地的武器，就是「讚美」。

當然，讚美有很多種，若是運用不當，非但沒有幫助，還會導致反效果。為了讓讚美確切打動人心、發揮功效，首先必須先認清讚美的兩大種類：

• 直接讚美

顧名思義，直接讚美就是當著對方的面，用明確、具體的語言，直接稱讚對方的行為、能力、外表或其他任何優點。

有一位非常精明強悍的老闆，極擅長與員工溝通，每天晚上，他都會寫一些便條給下屬，獎勵他們的某些優秀表現，例如：「傑克，你的主意很棒！好好幹吧！」「萊瑞，多虧了你今天的優異表現，公司得到一筆大生意，今後也請繼續加油。」

因為如此，員工全都心服口服，願意為公司賣命。

另外，針對生活中的小細節進行讚美，也相當有效。

比如看見同事買了一件新衣服，你可以說：「這件衣服看起來真不錯，穿上之後，看起來精神真好。」

這樣的直接讚美證據及針對性極強，不會讓人誤解，效果相當好。

● 間接讚美

不直接挑明，而是運用語言、動作、行為向對方表示自己的讚賞，比如在聆聽對方談話時不斷地微笑點頭，或者恭敬地向他人請教問題，都是一種間接且含蓄的讚美，可以使對方產生好感。

接下來，讓我們認識讚美時應當把握的幾大尺度。

同事之間，恰如其分的讚美能夠聯絡感情、增進友誼，但一定要以真心實意、誠懇坦白為基礎，並注意時機的選擇。

進行讚美時，應該注意以下幾點：

1. 讚美的話語不要太誇張，言過其實的「讚美」，往往等同於「拍馬屁」，會讓人心生反感。

2. 注意讚美的次數，只讚美真正該讚美的事情。過於頻繁就失去了讚美的意義，顯得浮誇不實。

3. 不要在有求於人的時候大肆讚美對方，這只會讓人覺得你的動機不良，從而增加戒心。越是在自己不求對方什麼的時候，越該真心實意地表示讚美，如此效益最大。

4. 針對不同的對象，選擇不同的讚美語言。若為同輩，可讚美他的精力、才幹、業績和風度；對於長輩，可以讚美他的健康、經驗、知識和成就；對於女性，可著重於讚美外表和服飾品味等。

與同事溝通時，要能夠恰當地利用讚美增進雙方的感情，這麼做能有效改善工作環境與氣氛，有利於事業的發展。

懂得利用微笑進行溝通的人，人緣必定會逐漸得到改善，並

且相對地得到他人的讚許。

　　真誠的微笑是善意的信使，可以將自己的真誠心意傳遞出去。沒有人喜歡幫助那些整天皺著眉頭、愁容滿面的人，更不會信任他們。因此，即便在身負沉重壓力同時，仍要告訴自己面帶微笑，看向世界的美好，善用微笑與讚美，拉近自己與成功的距離。

適度表現自己的能力

儘量在交談上力求熱情、親切，講出你之所以附和上司的原因。這樣既表現出你的能力，又可為上司臉上貼金。

身在職場，免不了得與上司進行溝通交流，結果將直接影響到個人的前途發展。有效與上司溝通，可以增加感情，有利於幫助自己獲得更多、更好的機會。與上司溝通時，應遵循以下原則：

● 該爭時則爭

當今社會充滿了競爭，而競爭又和機遇與成功息息相關，毫無疑問，過分謙讓會將晉升和成功的路堵死。

如果自己的確具有能力，就該適當地用工作成就、技能、才幹和潛力來吸引上司，表現自己，爭取更上一層樓的機會。與其靠別人發現自己，不如積極地選擇洽當的場合，將自身才能以恰當的方式表現。

● 懂得表現自己

如果你覺得自己一直大材小用，不妨透過下列幾種方法與上司溝通：

1. 將自己的能力在上司面前施展出來。

2. 經常把最新的資料與消息帶給上司，讓他感到你的重要。

3.瞭解一下上司的好惡以及對工作的要求，要得到賞識就不難了。

如何巧妙地與上司接觸，是一門不簡單的學問。

這種時候，你要表現出自己的優點來。如果自身口語表達能力強，就該在談話時突出語言的邏輯性和流暢性；如果你的專業能力強，談話時就要說得詳細一點，主動介紹一些與自身專業相關的事物；如你多才多藝，又恰巧碰到同樣多才多藝的上司，不妨「拜師學藝」，討上司歡心，同時拉近彼此的距離，這是一種相當好的溝通方法。

除此之外，還可設法表現自己的忠誠與服從，儘量在交談上力求熱情、親切，講出你之所以附和上司的原因。一般情況下，上司們都會喜歡聽見你為他的意見和觀點找出新理由，因為這樣既表現出你的能力，又可為上司臉上貼金。

下面，再提供與上司接觸必須遵守的幾項要點：

1.如果接觸機會不多，就力求讓每次接觸都有實質意義。

2.弄清上司喜歡的交流方式，適度地增加接觸機會。

3.選好主題，做出充分的準備，加重接觸的分量。

4.接觸之前，先找出自己溝通上可能存在的缺點，加以克制，以免造成上司的誤解或不耐煩。

遵循以上的原則與要點與上司接觸，你將發現彼此之間的距離不再那麼遙不可及，溝通，自然不再是難事。

5

善用誇獎，
自然能如願以償

拍馬屁不但不會讓對方開心，

有時候還會取得適得其反的效果，

讓人覺得噁心、虛偽。

唯有真心誠意稱讚他人，

才會為你帶來好處。

善用誇獎，自然能如願以償

拍馬屁不但不會讓對方開心，有時候還會取得適得其反的效果，讓人覺得噁心、虛偽。唯有真心誠意稱讚他人，才會為你帶來好處。

法國哲學家盧梭在《愛彌爾》裡寫道：「對別人表示關心和善意，比任何禮物都有效，比任何禮物對別人還要有更大的利益。」

這番話運用在部屬與上司的關係之中，也相當適用。

能恰到好處地誇獎別人是一種卓越的領導技巧，有時僅是一句輕描淡寫的誇獎，就能給部屬彷彿春風拂面的愉悅感覺，甚至能使自己的目的如願以償。

人類都有渴望得到別人讚賞的天性，這正是我們之所以要稱讚別人的原因。稱讚別人不必用什麼華麗的言語，即使是用最平常的語言，也能有意想不到的效果。對你來說，稱讚也許是再簡單不過的事，但卻能使別人愉快、振奮，甚至對方可能因為這句讚美而改變一生。

成功學大師卡耐基就很會誇獎別人，懂得如何利用誇獎使對方更加進步。

曾有一個例子是，卡耐基曾經有一位來自匹茲堡的學生，名叫比西奇，在課業方面的表現總是比別人差，因而對自己失望到

了極點。終於有一天，他來到卡耐基的辦公室說：「卡耐基先生，我打算退學。」

「為什麼呢？」卡耐基問。

「因為我太笨了，無法學會你的課程。」比西奇十分難過地回答。

「可是，我並不這麼認為啊！我發現這半個月以來，你有很大的進步，而且在我的印象中，你始終是個相當勤奮的學生，怎麼可以隨隨便便提出退學呢？」卡耐基很認真地回答他。

「真的嗎？你確實是這麼認為嗎？」比西奇驚喜地問。

「真的。而且我認為照這樣努力下去，你一定能在結業時取得優異的成績。」卡耐基繼續說：「我小時候，人們也都覺得我很笨，將來肯定不會有什麼出息，你比當年的我要好太多了！」

比西奇聽了卡耐基的話後，內心燃起了希望之火，也更加努力、勤奮地學習，最後果真在結業時拿到傲人的成績。

比西奇畢業後，在自己家鄉開了一間肉品工廠，卡耐基依然在他事業不順利的時候鼓勵和誇獎他。卡耐基在寫給他的信中說：「肉品工廠很不錯，很有發展前景，我相信只要你好好努力，一定會相當成功。」

比西奇從卡耐基的言語中受到莫大的鼓舞，同時他也將誇獎的技巧用到自己的員工身上，沒想到成效甚佳。在經濟大蕭條的年代裡，美國處處都面臨著危機，但是，比西奇的肉品工廠不但保住了自己原本的生意，而且還擴大了市場，這的確可以說是一件難得的奇蹟。

後來，比西奇回憶說，他的肉品工廠之所以沒有垮掉，原因就在於他運用卡耐基教導他的誇獎技巧，使整個工廠上下一心，才得以存活下來。

除此之外，稱讚也是一種重要的交際手段，可以運用在工作場合中的任何瑣事上。例如，當你看見一位女下屬或女同事穿了一件新衣服，就可以稱讚說：「妳穿這件衣服真漂亮！」

如此一來，她可能就會因為這一句話而一整天心情愉快。

參加公司舉辦的各項活動時，也可以對那些忙得不可開交的部屬誇獎道：「你們做得很好，辛苦了！」

如此一來，對方就會感到自己的勞動得到別人的肯定，很樂意再貢獻自己的心力。

誇獎是一門藝術，巧妙的誇獎可以使別人和自己快樂，但誇獎絕對不是拍馬屁，若你將兩者視為相同的東西，那麼你的稱讚不但不會讓對方開心，有時候還會適得其反，讓人覺得噁心、虛偽。

要記住，唯有真心誠意的稱讚他人，才會為你帶來好處。

先學傾聽，再學溝通

懂得傾聽，就能從他人那裡學到許多東西，能夠
充實自我，同時又可以擺脫自我的偏見與固執，
成為一個虛懷若谷且受人歡迎的人。

　　天底下沒有融化不了的冰山，在職場上也沒有絕對不能和睦
相處的上司和部屬，只要懂得用同理心，設身處地為對方著想，
真心誠意地對待他們，那麼，就一定能換來他們更誠摯的回報，
讓自己往後的升遷之路創通無阻。

　　真正的領導高手，絕對不會動輒得罪上司或部屬，讓自己疲
於奔命。

　　許多領導人在交談的時候總喜歡滔滔不絕地說話，因而讓人
產生厭煩的心理，犯下這種錯誤是不划算的。

　　正確的做法是，應該儘量讓對方說話，應該向他提出問題，
讓他告訴你答案，而不是你滔滔不絕地說。

　　此外，交談時打斷對方的話語，或是表現出冷漠或不耐煩的
樣子，都是不明智而且危險的舉動，應該要耐心地讓對方把話說
完。

　　那麼，傾聽究竟能使領導者獲得怎樣的好處呢？

一、傾聽能使人感到被尊重和被欣賞
人們都有這種傾向，總對與自己有關的問題更加關注，傾向

於自我表現。因此，一旦有人願意傾聽我們談論自己，就會感到自己受到了尊重。

有人曾說，專心聽別人講話的態度，是我們能給予別人最大的讚美，除此之外，透過認真傾聽的過程，我們也會獲得極大的好處，那就是使別人用熱情和感激來回報我們的真誠傾聽。

二、傾聽能夠增進彼此的瞭解與溝通

一般的推銷員上門推銷商品時，多半只顧著說自家的產品有多好，但這種推銷方式只會令人厭惡。一個優秀的推銷員會只說三分之一的話，把三分之二的話讓給對方去說，然後專心地傾聽。

這樣的推銷方式，反而更能讓顧客接受自己的商品。這個方法運用在領導統御和人際交往中，也同樣有效。

三、傾聽能夠減除壓力，幫助他人理清頭緒

美國歷史上最負盛名的總統林肯的一個親身體驗，正能證明這個說法。

當林肯在南北戰爭陷入最困難的情況時，身上肩負著來自各方面的壓力，於是他把一位老朋友請到白宮，請他傾聽自己的問題。

他們交談了好幾個小時，而大多數的時間都是林肯在說話，他還談到發表一篇解放黑奴的宣言是否可行的問題。

林肯仔細分析了這項行動的可行之處和不可行之處，並把人們發表在報上關於這一問題的文章唸出來，在這些文章中，有些人是因他不解放黑奴而罵他，有些則是因怕他解放黑奴而罵他。數小時之後，林肯並未徵詢老朋友的意見，只是和他握握手，把他送了回去。

後來這名朋友回憶說,是傾訴使林肯的思緒清晰起來,並且使心情舒暢許多,他僅僅是充當一名合格的傾聽者,沒有給他任何建議。

不過,這正是我們在遇到困難時所需要的。

心理學家已經從理論的角度證實,傾聽可以減除心理壓力,當人有了心理負擔和難以解決的問題時,找一個恰當的傾聽者是最好的解決辦法之一。

四、傾聽是解決衝突矛盾,處理抱怨的最好辦法

一個有耐心、有同情心的傾聽者,可以使一個牢騷滿腹,甚至是原本不可理喻的人變得通情達理。

曾經有過以下這樣一個例子,某電話公司碰到一個霸道、蠻不講理的客戶,對電話公司的工作人員破口大罵,甚至還威脅工作人員;此外,他又寫信給報社,向消費者保護協會投訴,到處告電話公司的狀。

面對這種情況,電話公司派一位最善於傾聽的調解員去見這位客戶。這個客戶一見到他便怒火中燒,憤怒地大聲「申訴」。但這個調解員只是靜靜地傾聽,並不時報以理解的眼光和話語,就這樣足足聽那名客人發了三個多小時的牢騷。

之後,那個電話公司的調解員又兩次主動上門傾聽他的不滿和抱怨。就在這位調解員第四次拜訪那名客戶時,那位顧客已把他當成自己的朋友了。

這位調解員正是運用了傾聽的技巧,他的友善、耐心、同情、尊重使那個蠻不講理的客戶變得通情達理,最後終於徹底解決了公司和這位顧客之間的矛盾,而且兩人還成了好朋友。

五、傾聽能幫助你學習與成長

懂得傾聽就能從他人那裡學到許多東西，能夠充實自我，同時又可以擺脫自我的偏見與固執，成為一個虛懷若谷且受人歡迎的人。

傾聽能使我們學習他人之長，彌補自己之短，同時，別人身上出現的缺點或錯誤對自己更是極佳的借鏡，若能懂得引以為誡，自己就能不斷成長。

「聽話」也是一種領導技巧

傾聽既是一種領導技巧，更是一種人格魅力的展
現，不論是在商場上的業務往來、辦公室的人際
關係，都會有極大的幫助。

　　很多領導人都曾有過這樣的經驗，說話說得過多時，就很容
易把自己不想說或不該說的秘密說出來，對自己或他人造成不良
的影響。

　　在商場上要特別留意這一點，所以有經驗的商人在與客戶談
判時，總會先把自己的底牌藏起來，在適當的時候才打出自己的
牌。

　　了解了傾聽的好處後，再來就是要懂得如何使用傾聽的技巧。
一般而言，要掌握傾聽技巧大致上有幾個基本要領：

一、集中注意力去聽

　　如果你的時間有限，或因某種原因不想聽某人說話時，最好
是在一開始時就非常客氣地提出來，說明自己還有別的事必須要
做，切記不要不願意聽又勉強自己去聽或是假裝在傾聽。

　　因為，這種心態是逃脫不了說話人的眼睛，說話者反而會因
你的不專心和沒誠意，對你產生極大的不滿。

二、聽話之時要有耐心

要耐心地讓說話者把說話完，直到你聽懂他所有的意思。如果他的表達方式有些混亂，你更要發揮你的耐心，讓他把想要表達的說明白。

要想達到傾聽的目的，就必須讓說話人把話說完，即使他的觀點你無法接受，甚至會傷害你的感情，你也要有耐心聽完。

三、避免不良習慣

人們在聽話時，常會有一些不良習慣，如在別人說話的時候插話打岔、改變說話人的思路和話題、任意評論和表態、一心二用……等等。這些習慣都非常不好，不但會妨礙我們傾聽別人的意見，更會讓說話人心生不滿，如此非但無法達到溝通的目的，反而容易不歡而散。

四、適時地進行鼓勵以及表示理解

一個好的傾聽者在傾聽的時候，應該保持安靜，臉朝向說話者，眼睛看著說話人的雙眼和手勢，這樣可以更容易理解說話人要表達的意思。

但光只有這樣還不夠，還要對說話者的說話內容適時並恰當地反應、鼓勵或表達理解之意。可以通過點頭和微笑之類的動作，或是「是」、「對」之類簡短回應來表達理解和共鳴，讓對方知道你在認真地聽，知道你聽懂了。

當然，這種理解和鼓勵應該在聽懂的基礎上，如果你並未聽懂某句話，就應該要求說話人重複一遍或解釋一下，這樣說話者才能順利地說下去，而你也能夠聽懂，這樣才有達到交流的效果。

五、要適時發問

　　適時發問的目的也是一種傾聽的技巧。在說話者的話告一段落時，做出一個聽懂對方談話的反應，可以給說話者極大的鼓舞，尤其是在你發問後，說話者的心會自然而然會靠近你。

　　既然如此，應該如何發問呢？

　　可以這樣說：「你的意思是……」、「你是認為……」等等，但要記住，發問時得儘量弄清楚說話者正確的意思，若是不準確的，反而會不利於自己。

　　傾聽既是一種領導技巧，更是一種人格魅力的展現。學會這種傾聽的技巧後，不論是在商場上的業務往來、辦公室的人際關係，都會有極大的幫助，不但能使你更輕易了解說話者的想法，確實達到溝通交流的目的，還能進而使對方容易接納你的觀點，是成功領導者必備的技巧之一。

用正面的激勵達成自己的目的

用命令口氣催人辦事往往會令人反感。正面表揚的方式既給足了屬下面子，又增強了他們的信心，這樣自然會把事情做得更好。

德國心理學家馬克・拉莫斯曾經提醒我們：「不管贊成或者是反對某件事，兩種意見總是會有大量的理由。語言的藝術就在於你如何充分地表達，但是百分之九十九的人，卻經常忽略說話的重要性。」

想要建立良好的人際關係，成功地使事情朝自己期望的方向發展，就不能不加強自己說話的方式。

有時冷酷而嚴肅地批評屬下往往會適得其反，這時領導者應該用正面激勵法，主動鼓勵他們，這種方式的效果多半比較好。

成功學大師卡耐基本人就有過這樣的經驗。

某年秋天，當卡耐基正坐在窗邊看書之時，突然接到一通電話。

「喂，我找卡耐基先生。」

「我就是。」

「太好了，我想和您討論如何與屬下相處的問題。」

那個人叫羅洛，是一家公司的經理。他與卡耐基很快就約定了見面的時間和地點。到了約定的時間，羅洛比卡耐基更早來到

約定的酒店，卡耐基剛走進來，他立即迎了上去，並開門見山地說：「我想請教要怎樣與屬下相處融洽的問題，還有這會有助於我的事業發展嗎？」

「你常嚴肅地對待和指責屬下嗎？」卡耐基問。

「有時，當我氣憤時會這麼做。」

「那你常表揚和正面鼓勵他們嗎？」卡耐基繼續問道。

「很少，即使屬下表現很優秀，我也很少表揚他們。」

卡耐基笑了笑，告訴他任何人都需要表揚與鼓勵，尤其是受到上司或父母鼓勵時更讓人振奮，創造力會提高百分之八十，並建議他多表揚和誇獎屬下，這有利於溝通。羅洛恍然大悟，握住卡耐基的手不住稱謝。

十天後他們第二次見面了，羅洛滿臉興奮地說：「卡耐基先生，您說的建議真管用。我第二天上班時表揚了我秘書寫的文件，想不到她工作得更努力了。」

由此可見，當你鼓勵屬下後，他們做事會更和諧、更迅速，相反的，用命令口氣催人辦事往往會令人反感，甚至無法把事情辦好。

這是因為，正面表揚的方式既給足了屬下面子，又增強了他們的信心，這樣自然會把事情做得更好。

懂得理解尊重，才是真正溝通

真正的友誼絕非矯揉造作的衍生物，而是發自兩
顆真誠之心的相互溝通、相互交融。

朋友之間要保持良好長久的友誼，少不了相互的理解和尊重，
能站在對方的立場上考慮問題，設身處地為著想，才能培養出默
契，積累深厚的感情。

如果雙方都以自我為中心，只知道為自身著想，希望對方多
為自己付出，那麼這種朋友關係必然不會長久維持，溝通也無法
順暢進行。

談話時，為了有效參與討論而同時避免造成不快，首先，你
要認真地聆聽朋友們的想法和觀點，以此為基礎，清楚地表達自
己的觀點。此外，提問要適時酌情，以便更妥切地瞭解對方。朋
友間以這種方式進行溝通，將能夠形成彼此尊重的氛圍，溝通也
會變得輕鬆且有意義。

與朋友溝通，切忌使用含糊不清的言辭，因為可能讓對方在
不知所云的狀況下產生誤解，無法準確理解你的真實想法。要求
自己做到言詞清晰，明確易懂地表達觀點，就能大大減少誤解。

另外，必須注意一種狀況：交談過程中，常常會產上一些意

想不到的小摩擦,從而使你與朋友的關係出現緊張。

一旦出現這種情況,首先要告訴自己冷靜下來,找出真正能解決問題的對策,做一個成熟的思考者。

適度降溫是必要的,應待雙方的情緒平息後,再心平氣和地進行溝通,請教對方為什麼會得出與自己相異的觀點,進而從不同的角度分析問題、解決問題,化解歧見、凝聚共識,以維持彼此間的友誼。

即使是自己最親密的朋友,也一定要尊重對方,不要將個人愛好或習慣強加在對方身上。不但該嚴格要求自己,更要進一步體貼他人,明白朋友的為人、性格和喜好,並在交往過程中尊重對方的個性與習慣,維護朋友的利益,對他做出的正確決定給予肯定。

如果朋友間彼此互不相讓,就不會出現有效的溝通。若只會說些諸如「你的做法很不對」、「為什麼你連這也不懂」之類的刻薄話,必然導致彼此的關係慢慢疏遠,最後分道揚鑣。

互相尊重是展開良好溝通的前提,即便只是微不足道的小事,也不可以輕視,否則必將在無意中傷害朋友之間的感情。

能夠相互尊重,就能和諧愉快地相處,並長期保持友誼。

和諧且長久的友誼關係,需要雙方用心去維護。真正的友誼絕非矯揉造作的衍生物,而是發自兩顆真誠之心的相互溝通、相互交融。

感情，需要正確的修補與維護

沒有人不希望自己與他人的友誼能夠長久，懂得
一些保持友情、暢通溝通的竅門，就可使生活少
些悔恨。

相信大家都有過同樣的經驗，無論交情多老、感情多好，朋友間的相處，總免不了會出現一些小裂痕。

這種時候，如果及時修補，就能防微杜漸。相反的，如果放任自流，小裂痕必定會變成大鴻溝，終至友情破裂。

當友情產生裂痕，無論自身立場是對或錯，你都該積極主動些，透過正確的溝通方式進行補救。

• 主動真誠

不管是什麼原因，不管是誰的責任，既然友誼出現了裂痕，就要及時彌補。只消極被動地等待對方來找自己，賠禮道歉，不主動表示善意，不拿出修好的誠意，必定會使人失望。

此外，若光有表面的主動，缺少實際行動，勉強應付，或是只想藉虛情假意的言行暫時討好，則非但不能奏效，更會進一步傷及友誼。

切記，主動和好不等於軟弱，而是對友誼的真誠和珍重。

• 及時妥當

摩擦產生並導致裂痕後，彼此往往都需要冷靜思考、沉澱思緒的時間和空間。

這種情況下，你可以請另一位好友做一些居中協調的工作，但不能逃避現實、一拖再拖，不去應對，以免因為間隔太久導致裂痕過深，無法修復。

● **耐心細緻**

不能在做過一兩次主動修好的工作之後，就認為自己已經仁至義盡，甚至因為效果不理想感到自尊心受傷，惱羞成怒，再次發起火來。

缺乏耐心，不可能將已經造成的傷害撫平。

● **真正拿出誠意**

若是做錯事，一定要主動向朋友表示歉意。

一句真心誠意的道歉可以使緊張的氣氛迅速降溫，理所當然，你們的友誼也能走過危機，繼續維持下去。

● **以書信形式溝通**

透過書信的形式溝通或道歉，可以更詳盡地表達自己的感情和想法，是傳達心意的一種好方式。由於可以表達得較詳盡，也可以免去當面交談的尷尬，所以，藉書面方式道歉向來相當受到歡迎。

● **及時改正**

道歉能幫助你贏得朋友的諒解，但被諒解後如不思改正，還是會再次失去友誼。只有及時、真正的改正錯誤，才能讓道歉產

生應有的效果。

　　生活中不乏類似的例子，很多人由於不善於處理與朋友之間
的關係，致使友情夭折，甚至幾十年的老交情也毀於一旦，數十
年的心血付之東流。沒有人不希望自己與他人的友誼能夠長久，
但真正要達到目標卻不是那麼容易。
　　懂得一些保持友情、暢通溝通的竅門，就可使生活少些悔恨。

溝通要成功，少不了尊重包容

不善於理解人的處世之道，正是導致溝通失敗，
無法贏得他人好感的一項重要因素。

一個人可能有很多朋友，卻未必能得到真正的知己。

「相識滿天下，知交能幾人」，這句話突顯出知己的珍貴，畢竟知己乃知音，相互理解，才能稱得上知己兩字。

從古至今，幾乎沒有人不重視並渴求友誼。能夠意氣相投，心意不必說完全對方就能知曉，不過剛彈出第一個音符時，對方就能接續之後的曲調，該是多麼美好的事情啊！

《世說新語》記載著一段割席絕交的故事。

管寧和華歆曾經同坐在一張席子上讀書，此時一個坐著車子、戴著禮帽的顯貴人物從門口經過，管寧照舊讀書不誤，華歆卻放下書本，走出去觀望。

華歆回來之後，管寧當著他的面割斷席子，將座位分開，說道：「你不是我的朋友。」從此和他絕交。

人們歷來讚賞管寧品節高尚，但從處世交友之道上看，他僅因為華歆這一小小的「富貴之嫌」，就無規無勸、輕而易舉地「廢」掉了這在人生中佔有重要地位的友誼，也未必可取。

從今天的眼光來看，管寧以高標準要求自己固然很好，但對

朋友似乎太苛求了些，期望值實在太高。

伯牙彈琴，音調高昂激越，砍柴人鍾子期聞聲駐足，讚歎道：「巍巍乎高山。」伯牙又奏出奔騰迴盪的旋律，鍾子期說：「潺潺兮流水。」兩人於是成爲知音。這段故事，可說無人不知、無人不曉。

情投意合、志同道合是友誼的最高境界，無庸置疑。

交友時，我們固然推崇純粹的心靈交流，但也要理解一點：這樣的「高層次」知音，也許終生不可遇也不可求。

與人交往，不能一味要求對方在各方面都完全吻合自己的要求，只要取其中志同道合、情投意合的部分，便可建立友誼。即便對方做不了知己，也可以當一般朋友交往。

我們平常所講的謹慎擇友，只不過是爲了避免與那些兇惡、有破壞性、心懷不軌的人交往，而不是一廂情願地把自己的標準套在別人身上，提出過於苛刻的不合理批評或要求。

有一天，有一位女士遇到一位資深作家，苦著臉抱怨道：「我至今未找到知音，周圍的人都不喜歡我，我真不知道自己究竟做錯了什麼。你經常寫文章，應該看得比較多，能爲我出點主意嗎？」

聞言之後，這位作家仔細地打量了一下這位女士，外表雖然不是多漂亮，但並不惹人生厭，應該不至於找不到好朋友。

交談以後，作家發現她善於動腦，人也活潑，各方面條件都不錯，但有一個不足，即不善於理解人，對周圍的人與事，往往以自己的觀點與思想意識去猜度，以至於阻礙與外界的順暢溝通。

　　事實上，這種情況並不少見，很多人都會自覺或不自覺地固執己見，導致溝通不良、人際關係緊張。

　　例如，我們經常可以聽到這樣的議論：「她真是一點眼光都沒有，穿那衣服難看死了！」「怎麼會挑這種人當丈夫呢？真不知道是怎麼想的。」「我最看不慣的就是這種行為！」

　　為什麼會說出這樣的話呢？

　　究其原因，在於議論者只從自身的立場上去看待他人的一言一行，只以自己的好惡為標準。一旦他人的思想、語言、行為與自己格格不入，就認為不可理解，甚至產生反感，並加以非議。

　　殊不知，這種不善於理解人的處世之道，正是導致溝通失敗，無法贏得他人好感的一項重要因素。

　　世界是繽紛多彩的，世上的事物自然複雜多變，人的思想與見解不可能得到絕對的統一。以理解與尊重的態度展開溝通交流，是人與人間良好相處的基礎，若是失去，友誼必定難以繼續。

6

保持冷靜是
解決糾紛的最好途徑

身為下屬，必須謹記一件事情：

無論如何，都要讓自己保持冷靜，

同時做好自己該做的事。

懂得溝通，才會成功

有些人總想展現自己的權威，但這種強制員工合作和尊重自己的行為，可能會引火焚身，造成很大的麻煩。

西班牙大作家，《唐吉訶德》的作者塞萬提斯曾說：「貓兒被捧上天的時候，也會以為自己就是獅子。」

適時讚美部屬是一種高明的領導技巧，也是操縱人心最有效的說話術。

為了達到這個目的，領導者必須和部屬進行良性互動，彼此密切溝通。

所謂溝通是相互傳遞資訊並理解的過程，一個卓越的領導者應該憑藉溝通來發佈指令，建立集體共識並獲取最大的工作效益。

一般而言，領導者與員工溝通時應當注意以下幾點：

1.不要為權威而爭吵：若你腦中始終存著「要明白誰才是上司」的想法，那你很快就會使整個部門鬧得不可開交。應該讓員工把精力集中到解決問題上，而不是對管理人員的抱怨。

2.注意言辭：大多數的員工認為，領導的工作就是傳達命令和指令。會產生爭吵通常與傳達命令的方式有關，因此要注意選擇言辭與表達的方式。

3.不能假設員工已經明白：鼓勵員工提問題並給予解釋。通

過重複或演示來加強員工對事情的理解。

4.理解員工的抱怨：讓那些有抱怨和指責情緒的員工有機會這樣做，這樣能在糾正員工之前，及時發現他們的誤解。

5.不要濫用指令：濫用指令將會自食其果，所以對發出的指令要慎加選擇，命令要短、中肯。條件許可的話，等一項指令完成後再發出另一項。

6.防止指令傳達得不一致：要注意當你告訴屬下一項指令時，其他部門是否正在告訴他們另一項指令。另外，指令的時間與對象也要一致。

7.不要只挑選那些配合的員工去做事：有些人天生就有合作精神，而另一些人則會考慮自己的情況，因此領導者要注意，別讓情願做事的人負荷太重而讓那些不願做事的人偷懶閒著。

8.儘量不要指責部屬：讓部屬去做他們厭惡做的工作來懲罰他們，是很冒險的行為。記住，員工總是希望被分配到合理的工作。

9.不要濫用權威：剛任新職時，有些人總想展現自己的權威，但這種強制員工合作和尊重自己的行為，可能會引火焚身，造成很大的麻煩。

10.要善於傾聽：不要打斷別人的話，要讓人把話說完；要是你真的很忙，可以限定談話時間，或另找時間來繼續未完的談話，這會使你瞭解事情的整個過程，員工也很會樂意發表意見。

做一個真正聰明的下屬

與上司相處，一方面力求保護自己，另一方面也
要顧及對方的顏面。掌握這兩大原則，溝通就不
會出大差錯。

想要在職場一帆風順，首先要告訴並要求自己，與上司互動
過程中，一定要做一個聰明的下屬。

所謂聰明的下屬，首先要能幫上司解決工作中遭遇的問題。

上司畢竟也是凡人，會遇到難以解決的問題，在這個時候，
如果身為下屬的你能適時地挺身而出，將問題圓滿解決，自然能
夠得到上司的好評。

聰明的下屬不會為上司增加負擔，而是想方設法為對方減輕
負擔，成為組織中不可或缺的重要人物。

要想得到上司的提拔，其實並不難，只要你用心溝通，並積
極地朝正確方向努力，一定能夠實現。

● 巧妙應對上司的不公

有些時候，上司會無視你的業績，讓你受到不公正的待遇。
這時，你該不該忍氣吞聲呢？

答案是否定的，有句話叫「人善被人欺，馬善被人騎」，該
出頭的時候，就要設法讓自己出頭。

當然，絕不能怒氣沖沖地去找上司理論，而應心平氣和地與

上司把事情談清楚，讓他清楚你所達到的優異成績，順帶讓他指出你的不足之處。

如此溝通有助於日後工作的開展，下一次，即使他想再給你不公正的評價，也找不到合適的理由。

● 適度掩蓋自己的鋒芒

如果學歷比上司高、能力又比上司強，你非但不該得意，反而該更加小心，因爲這預示著你有「功高震主」的可能。

作爲上司，最忌諱的就是下級在自己面前顯示優越，特別是學歷和知識，這會讓他有種失去威信和尊嚴的危機感。所以，無論多想要讓上司知道自己的能力突出並加以重用，仍要以恰當的方式表現。

應先瞭解上司的性格特點，以此來完成他交給你的任務。同時，要非常真誠自然地表示對上司的忠心，不管發生什麼事情，一定要與上司保持意見一致，讓他認識到你的忠心、你的能力。

相信如此一來，經過一定時間的溝通磨合，他就會把你當作「自己人」看待，並加以善待。

● 用合宜的方式反駁上司

對於上司的命令，若確定自己不能承擔，便應加以拒絕。但拒絕時要講究方式、方法和技巧：

第一、以委婉的方式拒絕。

在拒絕、反駁的時候，委婉地提出自己的觀點，既可維護上司的面子，又能讓他感覺你說得很有道理，較容易使他改變原來的主張，轉而同意你的觀點。

第二、借助於他人的力量。

　　若上司要求你做某件事，你想拒絕又無法說出口時，不妨請信得過的同事伸出援手，借助他人的力量，達到拒絕目的。

　　會見上司之前，要與同事策劃好，一方贊成，一方反對，然後與上司爭論。爭論一會兒後，同事再向你這一方靠攏說：「似乎有些太勉強了。」如此一來，你就可以避免直接拒絕上司的尷尬了。

　　採用這種方法的好處之一，是讓上司認為「這是經過大家討論之後才得出的結論」，因此任何一方都不會受到傷害。

　　與上司相處必須謹慎，一方面力求保護自己，另一方面也要顧及對方的顏面。掌握這兩大原則，溝通就不會出大差錯。

保持冷靜是解決糾紛的最好途徑

身為下屬，必須謹記一件事情：無論如何，都要
讓自己保持冷靜，同時做好自己該做的事。

工作中，上下級之間難免產生矛盾。

碰到這種狀況，埋怨無濟於事，根本解決不了問題。因此，在抱怨上司的同時，也要檢討一下自己的行為，因為你很有可能基於對工作的不滿，而將所有責任都推到上司頭上。

遇到這種情況，切忌意氣用事、無理取鬧，因為這是必定會把事情搞砸的最糟糕做法。但也不能忍氣吞聲，畢竟單憑逆來順受不可能在職場出人頭地。最好的辦法，該是採取以下幾點：

• 弄清事情的真相

有時，上司的做法確實委屈了你，可你又不知原因何在。這時就該仔細調查瞭解，是不是上司真的有意為難，和自己過不去。

• 當忍則忍

確定了上司是有意為難，千萬不要盲目回擊，而要想辦法找出理由拆穿他，讓他知道你不是可以任意擺佈的棋子。

若暫時找不到反駁的依據，也不要胡鬧，最好的辦法是裝糊塗，暫時忍住，等找到合適的時機再另謀對策。

• 理直自然氣壯

如果確實找到了上司有意為難的證據，你就可以用自己掌握的一切來與他理論。這種時候，必須講究方法，畢竟辦公室不同於其他場所，上下級關係的距離不可逾越。在公眾場合拆穿上司，會讓他尷尬難堪，對自己沒有好處，因此最好於私下處理。

另外，要切記，交談時保持不卑不亢的態度，理直氣壯而不咄咄逼人，以留有迴旋餘地。

既然上下級之間矛盾的產生不可避免，那麼作為下級，有必要好好研究、學習一下化解矛盾的方法：

• 有話照直說

不管上司持什麼態度，都要找一個合適場合，把道理向對方講明，讓他明白你內心真正的感受。

• 以德報怨

能夠對上司以德報怨，才容易把事情辦好。

切記一點，無論自己當時心裡多不好受，都要用寬宏大量的態度將矛盾化解，便於日後與上司繼續良性溝通。

• 無愧於心

如果矛盾的產生完全在於上司，而且對方夠明理，那麼也無須太擔心，等到氣頭過去後，上司多能主動釋出善意。

身為下屬，必須謹記一件事情：無論如何，說話之時，都要讓自己保持冷靜，同時做好自己該做的事。認真負責，就是你與上司之間溝通的最有力憑藉，也是在職場生存最好的護身符。

正確與下級溝通，領導才能成功

作為一名好領導者的前提條件，就是在利用權力
的同時還要與員工經常溝通，以化解上下級間的
鴻溝。

　　現在，越來越多的公司主管開始注意到溝通的作用。

　　在長期的領導工作中，他們逐漸認識到一個道理：唯有溝通才能真正地激勵員工、鼓舞員工，使員工投入到工作當中。

　　身為主管者，若想與員工保持良好關係，暢通無礙地溝通，你應審慎把握以下幾項大原則：

● 多為下級著想

　　相信絕大多數人都會同意，作為一個領導者，要想讓員工對自己尊敬有加，不是一件容易的事。

　　常言道：「討好一個人難上難，得罪一個人只一句言。」常常只是一句話，一個微小細節，就會引起他人的誤會，更何況身為領導者，想不得罪手下眾多員工，豈是一件容易的事？

　　即便你本來與下屬的關係一直良好，但只要一時稍微不在意，便可能不知不覺間得罪了人，讓下屬心中產生怨言，可身為當事人的你卻完全不知道。

　　李經理掌管一個部門已經很多年了，原本一切都相當順利，

但由於公司上級要拓展業務，接連不斷地指派新的任務下來，於是他要比過往花更多時間與上層領導者開會，同時還要及時地將一些工作分配給下屬。

被績效壓力壓得喘不過氣來的他，根本顧不上與下屬交流溝通，可是一段時間以後，他發現事情顯得不對勁——員工們看他的眼色變得很難看，工作效率也比以前要低了許多。

幸而李經理及時察覺，也深知假如不予理會，任狀況發展下去，後果將不堪設想。因此，他馬上放下身段與員工進行溝通，從而化解了一場可能的危機，使狀況獲得改善。

事情往往就是這樣的，在工作量加大，工資不漲的情況下，作為部門領導者，就有責任去為下屬爭取合理的勞動報酬。

一個能處處為下屬著想，敢於為下屬擔責任的領導者，才會受到員工們的擁護和愛戴，燃起即便赴湯蹈火也在所不辭的意識。

• 在下級面前有領導的樣子

穩固上下級關係，是企業走向輝煌的重要憑藉，許多成功領導者的事例已經說明了這個道理。

另外，對待自己的下屬，一定要做到大公無私、人人平等，只有這樣才會令下屬信服，在他們心目中留下良好的印象。

出言必行，誠懇守信，是每個領導必須遵守的原則。經常食言絕對是溝通大忌，只會讓下屬不再信任你。

必須要求自己敢擔重責，即當出了問題時，要敢為你的下屬包攬過失，概括承擔責任，而不是將一切推得一乾二淨。相對的，若工作進展良好，你應將這份功勞歸功於下屬，千萬不可據為己有。

在下屬面前為自己樹起良好的權威，不要隨便開一些不符合

身分的玩笑，你的命令才會得到下屬的妥善遵守與執行。

身爲領導者，要做到將團隊治理成爲以你爲核心、以每位員工爲半徑的集體，如此一來，整體力量絕對會非常強大，下屬必然對你充滿信心，上司也會對你賞識有加。

作爲一個上司，最忌諱就是有遲到早退、公器私用等不良行爲，任何事情都要確切地以身作則，如此才能讓下屬信服。

• 善於化解下屬之間的是非

在辦公室裡，免不了有是非與爭執發生。

身爲領導者，面對下級中發生的公私事糾紛，要如何處理？

能夠選擇出正確的方式，才能使事情得到圓滿而妥善的解決。反之，將會爲以後工作的順利進行設阻。若是等問題鬧大了，才想要解開這個結，狀況將會變得更加棘手。

所以，作爲上司，你的最重要任務，是要使工作在任何情況下都能正常進行，團結團隊中的每一位員工，使他們將自身能力與效率發揮到最大。

提高部門的工作效率是你的最終目標，老闆滿意了，員工對你感到尊敬愛戴，你的領導角色才算真正扮演好。

最難辦的就是人際關係，特別是同事間遇到利益衝突時，很容易釀成大大小小的紛爭，而且難有真正休止的一天。

面對這種情況，作爲上司的你應該做好調解工作，一方面緩解辦公室裡緊張的氣氛，另一方面盡力瞭解下屬之間的矛盾，協助解決。

下屬間出現矛盾糾紛，作爲上司千萬別參與到戰爭中去，正確的做法是要瞭解情況、觀察動態，有效化解矛盾。

　　例如，當你得知某個下屬受到其他同事圍攻，在同事之中幾乎已無立足之地。遇到這種必須立即處理的情況，身為領導者的你就該及時了解來龍去脈，為那位處境難堪的下屬解圍。

　　同時，還要利用好自己的權力，以嚴肅的態度告訴所有員工，辦公室裡嚴禁有類似的事情發生。

　　辦公室氣氛的融洽與否、工作效率的高低，與領導者是否會為人，是否會處理上下級溝通，有著直接的關係。

　　既做到讓上層領導賞識，又讓下屬尊敬愛戴，這樣的主管，才稱得上是一位好的領導者。作為一名好領導者的前提條件，就是在利用權力的同時還要與員工經常溝通，化解上下級間的鴻溝，追求達到成功。

透過拜訪提昇形象

拜訪是一門綜合性的藝術，已經廣泛地應用到日常交往當中。能否靈活運用此方在溝通、辦事中顯得頗為重要。

現實生活中少不了應酬，應酬是促進交流、增進感情、洽談生意的紐帶。既然生活中少不了應酬就要「勇敢」地面對，輕鬆地看待。

有專家指出，事業的成功才能占十五％，人際交往占八十五％。而應酬成為人際交往的重要內容，所以要學會應酬，善於應酬，才能把事辦好。

談及應酬，必須懂得如何正確拜訪他人。

拜訪是為了更好的溝通，溝通是為了相互瞭解，相互瞭解是為了達到各自的目的。必須明瞭，拜訪是溝通的前提，前提條件準備充分了，以後的工作才能順暢地進行。

拜訪，顧名思義，是指恭敬的拜會、訪問，既然是主動登門，就講究個方式方法，方法得當了，可能勝算就大一些。

下面是拜訪的幾個注意事項：

• 拜訪前先預約

想要登門拜訪別人之前，要先打電話預約，特別是在繁忙的

商業交際中，更應注重這一點。

商場如戰場，特別是在商機無限、分秒必爭的當今社會，人們對時間的安排非常緊湊。幾秒鐘、幾分鐘對你來說不算什麼，但對生意人來說卻可能造成嚴重虧損，或失去一次幾百萬、幾千萬的商機。

總之，在拜訪時一定要考慮到預先約定時間。

在時間安排上，儘量配合被拜訪者。如果你所拜訪的是一位德高望重的人物，並且他的時間安排得很緊，那麼就更應提早聯繫確定拜訪時間。

事情都具有兩面性，約得越早，改變主意的可能性也會相對增大。因此，把握恰當的時間很重要。

● 時間觀念要強

如果你代表公司去做拜訪時，你要提前五分鐘到達所拜訪的地點，做個守時的人，因為你所代表的是整個公司。一舉一動、言談舉止上都要得體，不然就會損傷公司在對方心目中的形象。

在拜訪之前，打電話和與對方確定見面的時間地點，是最重要的禮節問題。然而一旦時間確定、地點落實後，時間觀念需馬上提到最高點，做個守時的人。

如果對方是時間觀念很強的人，不管你因為什麼遲到，都會給對方留下不好的印象。

所以，時間地點確定後，一定要把交通路線、路況打聽清楚，出發時還要考慮到意外因素，確保在預定時間到達預定地點，只可提前不能晚到。

如此，抵達目的地後還有時間事先把準備和對方討論的內容再考慮一遍，從而做到胸有成竹。

● 根據場合把握時間

商務拜訪不宜時間太久，但是也不能事情辦完後，立刻起身告辭。如果對方需要的話還可以陪他聊聊天，在這過程中拉近雙方的距離。

如果你認爲你在談完事情後需要立刻離開，你沒有必要顧慮對方，擔心起身告辭會造成什麼樣的影響，因爲是你去拜訪對方，提出離開的主動權在你，主人不可能提醒你該離開了，也不能強迫請你告辭。

告辭也要有一定的方式，最好不要說：「那麼就這樣吧，今天就到此爲止吧！」這是不高明的方式。

你可以說：「那好，如果您對這件事沒有意見的話……」對方當然明白你的意思，就會接著說：「沒問題了，今天就這樣吧。」這時你再起身告辭就體現出你是個有禮數的人，也會給別人留下深刻的印象。

假如與對方談話時間超出了預期，該如何處理？

遇到這種情況，就要考慮還沒有談完的事情的重要程度，有沒有必要延長時間繼續談下去。

如事情非常重要，要用委婉的語氣向對方說明白，表示再耽誤他一點時間請求他允許。如果對方表示同意，你可以繼續把事情解決完，如果對方還有別的事，則需要以後再打電話聯絡，再約拜訪時間。

如果接下來的事不太重要了，那麼，在對方沒有要留你閒談的意思時，你就可以起身告辭了。

　　拜訪是一門綜合性的藝術，已經廣泛地應用到日常交往當中。能否靈活運用，在溝通、辦事中顯得頗為重要。拜訪成功，事情自然水到渠成；反之，當然竹籃打水一場空，搞不好還會被掃地出門，置你於尷尬境地。

禮數做全，成功就不遠

請客吃飯的目的並不在於討論工作上的問題，而
是拉近彼此間的距離，廣交朋友擴大人脈網。

在溝通聯絡感情時，請請客、吃吃飯，是正常現象。

但是，請客是要講究的，你必須掌握要領和方法，不然，非
但達不到目的，恐怕還會起到適得其反的效果。

在商海打拼的人，如果在吃的方面斤斤計較的話，與客戶一
起用餐時，樣樣都要依你的胃口，這樣會導致不良的後果。

爲此，你應調整飲食習慣，克服挑食的毛病。當然在選擇吃
什麼的時候還是要留意一下對方的意見，最好在吃飯前與對方交
流一下意見做個飯前溝通，以便掌握對方的口味，從而達到陪好
客人的任務。

平時的一日三餐我們吃得可能不太講究，但在陪客中還是有
一定的做法的，以下提供幾項最好能遵守的大原則：

● 午餐的吃法

請人吃午餐也是一門藝術，弄得不好就會洋相百出。

有的人想要約某人一起用午餐，卻不問人家願不願意，硬拉
著他到自己認爲比較不錯的餐廳去用午餐，不問他人的喜好，憑
自己的感覺點了自己認爲好吃的東西給對方。

試想，這不是難為人嗎？人家不但不領你的情，還會以為你在侮辱他，原本好意請人吃飯，結果卻弄的一身不是。

還有一種情況，對方喜歡吃某一道菜，但是也不是在什麼時候都對這道菜情有獨鍾，不管在什麼情況下什麼場合都要吃這道菜的。所以，在用餐之前應禮貌性地徵求一下對方的意見。

午餐時，酒的問題也和飯的情況差不多，在選擇上都應該徵求一下對方的意見要還是不要，要什麼樣的酒。

假如對方下午有重要的事情要處理，而你把酒擺到桌面上，一而再，再而三地向對方敬酒，這時對方會很為難。

要是喝了，下午就沒法展開工作；要是不喝，又覺得不好意思。這種情況下，對方當然無法高興起來，結果落了個不歡而散。

當你身處外地人生地不熟時，要想請對方吃飯的話，可以請別人幫忙聯繫飯店。吃過飯後，在付錢方面一定要注意。雖然你與對方事先說好由你請客，但對方硬要付錢時，可能他是為了面子去付錢，也有可能他是誠心誠意地去付錢，無論是哪一種情況，你都要婉言謝絕。

這是日常交際必須懂得的常識。

• **晚餐的吃法**

與客戶共進晚餐時，點菜權一定要交給對方。如果對方點的菜剛好也符合自己的口味，那是最好不過的了；但與你的胃口不一致，最好暫時委屈一下。

如果，客戶來到公司拜訪並且想在公司附近吃晚餐時，有的人就把客戶帶到公司招待客戶專用的餐廳，自作主張地擺上一桌，不管對方喜歡還是不喜歡，其實這樣未必會取得好的結果。

　　如果換一種招待方式，在準備晚餐前，徵求對方的意見，喜歡什麼口味的飯菜，當然還要問清對方對酒的要求，喜歡什麼酒，能喝多少等等。一切弄清楚後，再去準備晚餐也不遲。

● 談些輕鬆的話題

　　餐桌上，是一個令人放鬆的場所，在餐桌上講話時一定要注意到這一點，為了使餐桌有高興愉快的氣氛，儘量講一些輕鬆愉快的，無傷大雅的話題。而那些不衛生的話題或容易使人產生不當聯想的話題都應避免。

　　餐桌上不是在辦公室裡。有的人在招待客戶吃飯時，還一個勁地談論公司生意上的問題，對方剛把話題轉移到其他事情上，你又把他拉了回來還自鳴得意，其實就樣就犯了戰略上的錯誤。

　　當然如果在辦公室裡沒談完的事情，在吃飯前與客戶說好了邊吃邊談，或者是對方主動地提起話題，就另當別論了。

　　總而言之，別讓餐桌上的氣氛太緊張就好。

　　陪同客人吃飯也要講究方法，方法運用得當，以後的事情，例如交朋識友、商業洽談等等都會順利地進行。反之，你給對方的印象會更糟，你的目的當然達不到了。

　　其實，請客吃飯的目的並不在於討論工作上的問題，而是拉近彼此間的距離，廣交朋友擴大人脈網，為以後的成功做鋪墊。

　　「禮數」全做到了，成功也就離你不遠了。

約會，也是溝通的好機會

展開良好溝通的最佳時機，是無論什麼時候，只要對方真誠相邀，就儘量做到有邀必赴，如果可能的話，不妨回請。

擴大人際關係的途徑之一，就是積極地接受別人對你的邀請。

在酒席上可以大展你的溝通能力和談話水平，去結識你以前不認識或不熟悉的朋友，這樣你的人脈關係網就會慢慢的張大。

參加別人的邀請是創造溝通、擴大人際關係的方式之一，所以在正常情況下要儘可能去赴約。

現實生活中，常碰到這樣的情況：

狀況一：有人對你說：「今晚有空嗎？去喝幾杯怎樣？」

當你聽到這樣的邀約時，即使不想喝，也應該愉快地應邀。只要不是走不開，就要答應對方：「當然可以，一定去，時間地點你定。」用一種輕鬆爽快的話語表達你的誠意。

有人認為社交應酬太麻煩，覺得出席那樣的場合沒有價值。其實，這種想法根本不瞭解社交應酬的妙處。

雖然它不能立刻給你什麼實質回報，但是有時能夠給你提供很多的有利於事業發展的機會。

如果遇到有人邀請你到他家做客時，要向對方問清楚你什麼時間去合適，然後按時赴約。

狀況二：當對方對你說：「有空來坐坐，我請你吃飯。」

你應該說：「你看我下周日去怎麼樣？會打擾你嗎？」

對方回答可以後，你再帶著歡愉的心情去赴約，這樣對方也會感覺到你來他家的誠意，認為你是從心底裡信任他。

在社交過程中能否取得成功往往只在你的一念之間，體會了赴約的真正意義，懂得了應邀的奧妙，你的人際關係網就會慢慢地擴大，和不同人士的溝通能力也日益增強。

赴完他人的邀約後，你必須對人說一聲：「多謝您的熱情招待！」

邀約應該是相互的，有時候你也應該回邀其他人。

赴約也要一定的學問，在赴他人的約會時一定要注意以下幾點：

● 信守承諾

答應他人要赴他的約以後，無論如何也要趕到，除非有非常要緊的事情，剛好與你赴約的時間重合。這時，必須向邀請你的人打電話以表謙意，並表示下次有時間定會赴約，或者為表誠意，回邀他人。

● 遵守時間

在赴約時一定要注重時間的安排，準時到達約定地點，這樣表示出你對對方邀約的重視程度。

● 真情實意

對待別人邀請要真心實意的去赴約。不能心口不一，嘴上答應他人要去，實際上心裡非常不願意參加。

若在他人熱情的邀請下，勉為其難地答應了，見面後表現出

一副不耐煩的樣子，與其這樣還不如不去。

這種表現既傷了邀請人的自尊心，也傷了彼此間的情分。

展開良好溝通的最佳時機，是無論什麼時候，只要對方真誠相邀，就儘量做到有邀必赴。如果可能的話，不妨回請，這樣在原有的基礎上加深了你與對方建立起來的關係，以後就不會再出現人到用時方恨少的尷尬局面了。

想「進諫」，要抓準關鍵

大凡聰明的下屬想要改變領導者的意見，不會直接了當地進諫，而是提出大量可行的建議，但將得出結論的工作留給上司。

身為一名責任心強的下屬，發現上司的決策錯誤，為了維護公司利益，應該給予忠告。但向上司「進諫」必須小心，得先仔細地考慮清楚，究竟該怎麼去說，才能取得最理想效果。

以下，提供一些值得借鑑的方法：

• 不要刻意否定上司的意見

下屬向上司「進諫」，必須注意兩個層面：其一，從正面把自己的觀點告訴上司，其二，儘量不要給予否定和批駁，以避免與上司產生正面衝突。

假設你是某公司部門經理，由於業務發展迅速，需要配一名專管業務的副手。你想選一位有經驗的人，上司卻準備從其他部門派一名外行人給你。面對這種情況，你若懂得把話題焦點放在一名副經理自身應具備的條件上，而不是去否定上司選人不準確，就能較聰明地避免矛盾衝突，同時達到自己的目的。

• 儘量私下「進諫」

向上司進諫，要多利用非正式場合，正式場合則給對方留足

面子，這樣就不至於損及自己在上司心目中的形象，同時也有利於維護上司個人尊嚴，不至於使他陷入難堪。

美國心理學家羅賓森教授曾說：「大部分人都很容易改變自己的看法，但如果有人當眾說他錯了，他會惱火，更加固執己見，甚至全心全意地維護自己的看法。這不是因為那種看法多麼珍貴，而是他的自尊心受到了威脅。」

透過羅賓森的話，我們發現自尊心人人都有，都想去維護。所以在「進諫」時千萬不要忘記這一點：儘量私下進行。

● 多提意見，少下結論

知名的成功大師戴爾‧卡耐基曾經說過：「如果你僅僅提出建議，而讓別人去得出結論，他會覺得這個想法是他自己想出來的，這不是更聰明嗎？」

大凡聰明的下屬想要改變領導者的意見，不會直接了當地進諫，而是提出大量可行的建議，但將得出結論的工作留給上司。換句話說，即是由身為下屬的你種樹、培育，但讓主管者摘果。

職場中上下級的關係非常特殊，所以也最難相處、最難溝通，但只要掌握了一定的方法和尺度，抓準大原則，一切就容易得多了。

現實工作中，各種類型的上司都有，特色和個性自然也各有千秋，需要你認真揣摩，在實踐中找出與上司順暢溝通並自保的技巧，這才是最實用的。

7.

站在別人的立場溝通想法

「用我們想去影響的人的立場來看」

是最有效的溝通辦法；

相反的，若是只顧著傳達自己的意見，

卻不考慮對方的立場，那結果必定很糟。

站在別人的立場溝通想法

「用我們想去影響的人的立場來看」是最有效的溝通辦法；相反的，若是只顧著傳達自己的意見，卻不考慮對方的立場，那結果必定很糟。

領導者的職務除了規劃組織整體的發展方向，最重要的是要激勵屬下的積極性，讓他們心甘情願地遵從自己指示，透過團隊合作的方式來實現計劃。

要使屬下按照自己希望的方式去做，最佳方法就是要多與那些自己想影響的人交換看法，而且要用對方能接受、能聽得懂的方式來表達自己的意見，如此才能達到溝通的效果，領導者也才能發揮自身的影響力。

事實上，在各個領域的溝通上，都必須要注意這一點，否則即便花再多心力都是徒勞無功，以下這些事例正可印證此點。

伍茲先生在一家廣告公司擔任撰稿員兼主任，某次接到一家皮鞋廠的合約，負責製作電視廣告。可是，該廣告推出一個月後，皮鞋廠就發現它的廣告效果非常有限或說毫無用處，於是大家都把精力轉移到對廣告的檢討上。

經過對觀眾進行調查後，發現僅有百分之四的人認為它很好，但其他百分之九十六的觀眾都不置可否，或認為毫無價值，甚至有數百名受訪者回答說：「這廣告挺奇怪的，它的節奏像紐奧爾

良樂隊清晨三點鐘演奏的聲音」、「我的孩子很喜歡看電視，但這個廣告一出來，他們就跑到浴室或冰箱那兒去了」，或是「我認爲這個廣告太做作」……

然後，再分析了這些受訪者的資料後，得出一個有趣的結論，那百分之四的人在收入、教育、社會經驗與個人興趣方面與伍茲先生極爲相似，其餘百分之九十六的人則來自各個階層。

花費大筆宣傳費用的廣告，卻因伍茲只考慮自己的興趣而糟蹋了，這是因爲伍茲在製作廣告時，只想到他個人買鞋的觀念，而未注意其他人的想法，所以廣告只符合他個人的喜好，卻不能獲得大眾的好感。

相反的，倘若伍茲一開始就問自己：「如果是別人會如何選鞋呢？」相信這個廣告的效果會大不相同。

喬恩小姐失敗的情況則是另一個例子。喬恩漂亮聰明，受過良好的教育，大學畢業之後，在一家平價百貨公司成衣部擔任採購員，師長們在介紹信中都給予她很高的評價，認爲她有企圖心、天分與熱忱，一定會獲得成功。

可是，喬恩非但沒有成功，反而只做了八個月後就改行了。上司對她的評語是：「她的確是個很好的女孩，性格也不錯，但她犯了一個很嚴重的錯誤。她總是買些自己喜歡而顧客不會買的東西，老是依據自己的好惡決定樣式、顏色和質料，而非以顧客的喜愛作爲選購標準。當我提醒她時，她卻說：喔！他們肯定會喜歡的，因爲連我都十分喜歡啊！」

喬恩的家庭環境相當富裕，也非常有教養，因而無法以中低收入者的觀點來評價服裝的優劣，採購的衣服都不適合在平價百貨公司中出售。

以上兩個例子都說明，領導者要讓屬下做自己希望他們做的事，就必須站在他們的立場，用他們的眼光來看。

一位年輕的徵信部門主管也曾有過類似的例子，他說：「我擔任經理助理時，負責處理逾期不付款的客戶催收信件。他們原有的催收函均措辭強硬，甚至帶有恐嚇意味，我邊看邊想：『天哪，假如有人寄這樣的信給我，我一定會發瘋，而且絕不想付這筆錢。』因此，我用和緩的語氣與禮貌的措辭改寫了催款信，結果非常有效。站在顧客立場上的信使我的催收業績破了紀錄。」

領導者應記住這樣一個問題：「如果我是他，我會怎麼呢？」這會有助於你的成功。

「用我們想去影響的人的立場來看」是最有效的溝通辦法；相反的，若是只顧著傳達自己的意見，卻不考慮對方的立場，那結果必定很糟。

某家公司發明了一種不易被燒斷的保險絲，訂價為兩美元，還請來一位名廣告製作人做促銷廣告。當那位製作人著手進行時，就有人告誡他保險絲不適合用「情感訴求」的方式促銷，更何況大家都希望買價錢便宜一點的保險絲，可是他卻不聽，仍做了一支感性又高質感的廣告，結果這支廣告只維持了六個星期便「叫停」了，保險絲的銷售狀況非常悽慘。

會造成這種情況的原因是，廣告製作人用他年薪百萬元的眼光去做這支廣告，結果當然無法得到那些年薪幾十萬元的一般民眾的青睞；他製作的那支廣告也許能得到不少上流社會人士的喜愛，但是因為無法打入普羅大眾的心，自然也就達不到預期中的宣傳效用。

　　要成爲成功的領導者，就要培養「隨時跟那些你想去影響的人交換看法」的能力，而且更重要的是注意自己的態度，要站在對方的立場上傳達自己的想法，要考慮並且理解別人的處境。

　　想要成爲優秀的領導者，就得設身處地爲他人著想。因爲，屬下的背景、經歷、興趣可能與你大不相同，所以當你和屬下交換看法或傳達指示時，要先問自己：「如果我是他，我會怎麼想呢？」如此才能發揮最大的效果。

懂得「是」的技巧才能達成目標

應該提出一個溫和的問題讓對方回答「是」，如此談話就能繼續，你也才有機會說服對方，讓對方接受你的看法。

世界上有不少善於言談的領導者，但說話有分寸的人卻不多，對領導者來說，言談得體、把握分寸是十分重要的。

言談得體的關鍵之一就是要使聽者高興，關鍵之二是不要只顧自己說話，關鍵之三是要引導別人有目的地談話。

和部屬或同事交談的時候，不要一開始就提出異議，要不斷強調你們共同的話題。不斷強調共同點是因為彼此都為共同的目標努力，而不是要彼此爭論，唯一的差異就只是方法或途徑的不同而已。

因此，當你們開始談話時，要儘量使對方說「是」，而不要使對方總是和你的態度相反，一味地說「不」。

一個懂得說話的人在和別人交談時，能一開始就得到「是」的反應，接著會把聽眾的心理引入肯定的方向。好像打撞球，如果從這個方向打，它便會往那個方向偏，而你要想使它反彈回來，就得花更大的精力。

這種心理反應是很明顯的。當一個人說「不」時，整個身體如內分泌、肌肉、神經等等，完全是呈現一種拒絕接受的狀態，

優秀的領導者能看出對方的身體產生一種收縮或即將收縮的情況。

但是，當一個人說「是」的時候，卻與上述的反應相反，他的心理、神經、肌肉都不會有緊張的反應，整個人都呈現前進、接受和開放的狀態，唯有這樣，領導者的言行才能被別人接受。

因此，領導者在談話時，部屬回答越多「是」，越能達到談話的目的。

善用這種「是」的方式，能輕易說服別人，並讓對方樂意地接受你的觀點。如果對方能從一開始就保持說「是」，談話就不易產生爭執，也就不用費盡唇舌地去說服對方接受自己的意見了。

「雅典的牛虻」蘇格拉底是個口齒伶俐的老頑童，可是他徹底地改變了人們的思想，還被稱為卓越的演說家之一。他的方法是什麼呢？他是否對別人說他們錯了，而拚命糾正對方的想法呢？

其實剛好相反，他的方法就是善用「是」的技巧，先得到對方「是」的回答，然後他就能提出一個接一個的問題。

因此，聰明的領導者想說服別人的時候，不要忘了連大哲學家蘇格拉底也使用的技巧，應該提出一個溫和的問題讓對方回答「是」，如此談話就能繼續，也才有機會說服對方，讓對方接受你的看法。

唯有愚蠢的領導人才不懂得變通，而老讓對方說「不」，如此，自己的看法永遠也無法傳達出去，自然也就無法領導別人了。

人際間的爭執，處理要明智

無論狀況多麼嚴重，都會有解決的方法，因此不該逃避問題，要以積極態度展開溝通，以求消除分歧，達成共識。

朋友相處，難免會碰上一些「麻煩」，如爭吵、彆扭、意見不合、經濟糾紛等等。如處理不好，就會造成友情破裂，甚至反目相向；處理得及時妥善，則多半可盡釋前嫌，和好如初。

糾紛的產生是正常的，能否及時妥善處理最為重要。

與朋友發生爭論時，正確溝通態度應該是「求同存異」。「求同」，以在爭論中提高自己的論點可信度；「存異」，以客觀容許多種不同的看法存在。

無論如何，切記不要正面衝突，並應致力於緩和氣氛。畢竟正面衝突多半無益於溝通，徒然使雙方都感到難堪，下不了台。

如果不幸和朋友間出現爭論，必須秉持這樣的態度：針對重要原則問題，可以心平氣和並開誠佈公地討論，若只是細枝末節的東西，大可不必浪費力氣，非要爭個你死我活，分出勝負不可，因為這麼做沒有意義。

即便是親密的朋友，因見解殊離產生對立也是正常不過的事情。分歧產生難免導致某種程度上的疏離，這時候，若想繼續維持彼此的情誼，就該遵循以下原則，主動和朋友溝通。

• **繼續保持忠誠和信任**

不要因為觀點存在分歧而詆毀對方，這是沒有氣度的行為。基於道義，你還是應儘量維護朋友的威信、觀點，幫他說話。

• **暫時拉開距離**

儘量使雙方的分歧維持在「冷凍」狀態，讓時間和事實來證明究竟誰是正確的，誰是錯誤的，避免讓糾紛繼續擴大。

• **保持平等和尊重**

不要固執地認為自己的想法一定是對的，別人一定是錯的，更要記住一點：朋友之間沒有高低之分。就算自己真的是對的，也要給對方應有的尊重，千萬不可表現出得理不饒人的尖銳態度。

• **積極尋求解決之道**

時間愈久，分歧可能導致的副作用就越大。

無論狀況多麼嚴重，都會有解決的方法，因此不該逃避問題，要以積極態度展開溝通，以求消除分歧，達成共識。

主動，比較容易使人感動

與朋友相處過程中採取主動，不但不會損及面
子，反而更能顯現出自己的大度和寬容，採取主
動較容易使人感動，更有利於成見的消除。

爭執是友誼的一大殺手，因此在平日就該要求自己保有冷靜
態度，並提高修養。而在糾紛發生後，則該以寬容、積極的態度
釋出善意，透過成功的溝通修復彼此的感情裂痕。

與朋友建立關係不是容易的事情，卻往往因為一點點小彆扭
就完全毀掉，實在非常可惜。

若是與朋友發生糾紛，已經不是三言兩語能夠化解，且陷入
進退兩難的嚴重僵局，可採取以下溝通對策：

● 保持冷靜

第一要務是得讓自己激動的情緒穩定下來，因為只有冷靜才
可能保持理智，客觀地、實際地與對方修好。

若在氣頭上，絕對記得不要貿然行事，以免後悔。

● 自我反省

實事求是地反省，分析自己的責任，不推諉，不放大，有一
是一，有二是二，對的堅持，錯的改正。

特別注意，看待自己的缺點、錯誤和失誤，不要抱著得過且

過，過度寬容放縱的輕率態度。

● 不翻舊帳

能做到不翻舊帳，才真正具有度量。

不論雙方鬧僵的原因是什麼，都應予以諒解，萬不可在這些細節小事上爭個半天，互揭瘡疤，最後惱羞成怒。

要有不翻舊帳、不揭人短，「過去就過去吧」的氣概。

● 積極修好

一般說來，原本關係密切良好的一對朋友會鬧僵，絕對是雙方都有責任，只在程度大小與情節輕重的差別而已。

因此，無論如何都應當主動承認錯誤，去和對方溝通，設法和好。

與朋友相處過程中採取主動，不但不會損及面子，反而更能顯現出自己的大度和寬容。

換個角度來看，採取主動較容易使人感動，更有利於成見的消除，使重修舊好獲得成效。

相互尊重，有利於溝通

人與人之間的溝通交流都是相互的，投之以桃，才能報之以李。要想贏得真正的友誼，首先要懂得寬以待人的道理。

　　很多人與他人交往時，常常產生一種錯誤的想法，認為好朋友之間無須注重繁文縟節，越簡單越好，因為彼此已經相當熟悉，親密無間，還講究太多就顯得過於見外了。

　　其實，這種想法是不對的，友誼的存續應該以相互尊重為前提，不能有半點強求、干涉和控制。以下，是與朋友相處、溝通時的幾項禁忌：

　　• 對朋友不要過於隨便

　　再親密的朋友，也不能隨便過頭，否則維持友誼的默契和平衡將被打破。與好朋友相處仍要保持客氣有禮，才不至於傷了彼此的面子與和氣。

　　應對客氣些，就不會輕易踩到對方的禁區。若是過於隨便，自然容易引起隔閡、衝突。如果事出偶然，還好解決，一旦形成慣性，雙方必定會一而再再而三地發生不愉快，導致關係疏遠，友誼淡化甚至惡化。

　　無論是多好的朋友，仍要保持應有的尊重，講究必要的禮節，才是正確的溝通交流之道。

• 不可過度苛求

現實生活中，任何一個人都免不了有缺點，因此更不該對他人苛求，強硬地要求別人按照自己的想法做出改變。一味堅持己見不僅不能達到願望，還會導致雙方關係緊張。

林肯年輕的時候，待人處世不夠謹慎，甚至有些任性。他不但常常寫信指責別人，有時還故意將信扔在鄉間的道路上，讓路人拾起、散佈。

後來有一次，他在《斯普林日報》上發表了一封匿名信，嘲諷一位政客，沒想到對方不是好惹的，看到這封信後火冒三丈、怒不可遏，馬上騎著馬找上門，揚言要與林肯決鬥，拚個你死我活。

林肯透過這件事情吸取了寶貴的教訓，從此，他非但再也不寫挖苦別人、傷害別人的信，也不再嘲笑或指責旁人了。不僅如此，還經常告誡身邊的朋友：「不輕易指責別人，自己也就不會受人譴責。」

「不輕易指責別人」成為林肯最偉大的優點之一，值得每一位現代人借鑑。將「不輕易指責別人」的觀念套用在現代社會，也可以理解為「不苛求別人」。畢竟我們每一個人都存在著一定的不足，不能做到某些事、達到某些目標，又怎麼能苛求他人呢？

人與人之間的溝通交流都是相互的，投之以桃，才能報之以李。要想贏得真正的友誼，首先要懂得寬以待人的道理。

別因觸犯禁忌傷害了珍貴友誼

想與朋友保持牢固的友誼，就該時時提醒自己，
避免踏入溝通的禁區，觸犯交際的大禁忌。

　　要想與自己看重的朋友保持長久的友誼，就要儘量減少犯錯
或觸碰禁忌的機會。避免讓朋友感到被冒犯，可說是維持友誼、
暢通溝通的基本。

　　若感到與朋友的交往出了問題，請先靜下心來檢討自己，是
否犯了以下幾項容易導致溝通障礙的毛病？

• 不顧隱私

　　無論你與某位朋友之間的關係再好，也不能亂動對方的東西，
刺探對方的隱私。朋友之間也分彼此，必須保持應有的尊重。

　　朋友之物，不經許可絕不可擅用，否則朋友就算礙於情面不
當面說破，內心也會產生厭惡、防範心理，自然而然破壞了雙方
的友誼。

• 不拘小節

　　與朋友相處，應力求談吐大方，不矯揉造作或輕慢無理。

　　如果在朋友面前表現得過度不拘小節、不懂自制，將會使對
方感到你粗俗可厭，從而產生輕蔑、反感等負面情緒。

有些人和朋友相聚時，容易信口雌黃，在朋友說話時肆意打斷，譏諷嘲弄，或顧盼東西，一旦出現這種情況，再親密的朋友也會覺得你缺少風度和修養，難免感到輕蔑。所以，在朋友面前應要求自己表現得自然而不失自重。

• 沒有信用

一個沒有信用的人，會使人感到不可信賴，甚至因此失去友情。若是連小小的承諾都無法履行，又怎麼能讓人相信呢？

有時候，對於朋友提出的要求，你可能習慣性地想也不想就爽快應承，事後才發現無法完成，只好失信於人。

你可能根本不把這樣的「失信」當作一回事，認為朋友必定能夠理解，但事實上並不盡然如此。

你若經常讓朋友掃興、失望，即使他們不當面指責，也會在心裡責怪，認為你是個不守信用的人，並逐漸疏遠。與朋友交往，一定要重信守諾。

• 不識時務

去朋友家拜訪，若遇上朋友正忙於其他要事，或正接待重要客人，千萬不要自恃熟稔，就不分時間場合誇誇其談、喧賓奪主。一旦做出這樣的事情，必然會使對方的印象大打折扣。

行事、言談一定要顧及場合，根據情況做出最合適的選擇，千萬不要讓對方對自己產生反感。

• 言語刻薄

有些人喜歡在大庭廣眾之下炫耀自己，不惜將朋友的短處或痛處抖出，亂用尖刻詞語，盡挖苦、嘲笑、諷刺對方之能事，以

博取眾人的注意。

可想而知，這種行為會導致什麼樣的後果。

若僅為了一時的歡樂，落得得罪朋友、失去友誼的下場，實在太得不償失。必須切記，無論在任何場合、為了任何目的，都千萬不可隨意譏笑朋友。

● 固執己見

朋友相處，要懂得互相取長補短，向對方的優點學習，將所有的好意見充分採納。如果抱著驕傲態度，認為自己無所不能、無所不知，輕視朋友的提議，必然會傷到朋友對你的感情。

不論中聽與否，朋友的提議都是本著好意為出發點，你若冷淡不領情，會讓對方認為自己不被放在眼裡，感情便會漸漸疏遠。

換個角度來想，多聽朋友的勸沒有壞處，畢竟再聰明的人也有疏忽的時候，多一個人幫助，看事情往往能更透徹，訂出的策略也會更高明。

正確地與朋友溝通，是加深友誼的根源。友誼可以很牢固，也可以很脆弱的，端看自己經營的態度是否仔細。

想與朋友保持牢固的友誼，就該時時提醒自己，避免踏入溝通的禁區，觸犯交際的大禁忌。

說話的態度左右你的前途

如果彼此有不同意見，

只需讓他們知道自己的看法就行了，

不必和他們激烈爭論，辯得臉紅脖子粗。

說話,其實就像垃圾分類

說話時,主題必須要明確,不然對方是不可能會明白你的意思的。你應該把想要訴說的事,簡單明瞭地整理出來。

如果說,說話方式會顯現出你的人生風貌,你會相信嗎?

說話的方式、口氣、話題選擇、說話的組織能力、是否站在對方立場設想……等,這些總和都會決定人生的好與壞。這些說話之時的各種模式,經過每天不斷的累積,最後都會和你的生活方式息息相關,你每天怎麼過日子,是什麼樣的人,在大眾面前都會一目了然。

說話,其實就像畫畫一樣。對畫家來說,最基本的事就是如何構圖才能吸引人的目光,一幅優秀的畫,包括各個物件的配置、各種明暗狀態都必須協調,才能成功地突顯出主題。

說話也是如此,如何創造聆聽者的興趣、信賴與欲求,讓他們接受自己的說話模式,接受自己的觀點,是說話的一方必須勤加研究的功課。

因此,如何組織話語來讓人聆聽,便是一門學問了。

你可能會說:「說話的結構?這聽起來很難、很複雜!」

其實,如何拆解這種結構,是可藉由學習去了解的。

說話的結構就和垃圾分類一樣,垃圾可大約分為資源回收與一般垃圾,一般垃圾又可分為可燃垃圾與不可燃垃圾、大型垃圾

等，而不可燃垃圾又再細分為玻璃類、鋁罐類……，像這樣整體與細部的關係，是一種連繫狀態。

你可以把它們當作是說話的結構，那就變成了：

1. 想要訴說的內容便是主題。

2. 支援主題的是主要論點。

3. 支援主要論點的是說明。

依此類推，當你在組織話語時，可將整體分成幾個部分，再將各個部分分成細部，而然後協調地將它們融合在一起。

說話時，主題必須要明確，不然對方是不可能會明白你的意思的。

當你的話主題不明確或沒有主題時，就好像是在說：「我沒有任何意見。」或是「隨便你怎麼解釋吧。」這樣非但無法讓對方信服，也不可能說服對方了。你應該把想要訴說的事，簡單明瞭地整理出來。

主題是否明確，和是否能以三言兩語來表達清楚有關。你不妨將自己想說的事，用二十字左右來表達看看吧！

一般人在和別人談話，最常出現的毛病，就是咬字不清與滿嘴口頭禪。

咬字口齒不清，對聆聽者來說是非常痛苦的事，他們必須豎起耳朵才知道對方到底在說什麼，而且必須要極度的集中精神。可是，這種對方說話的集中力是無法持久的，通常一陣子之後，他們努力想聆聽的心情就會萎縮。

在這種情況下，他們連聽話都興趣缺缺了，更不用說要對他們傳達想法、吸引他們或說服他們了。

有些人會說：「我的聲音是天生的嘛！改也改不了！」

不過，天生的聲音也有可能變得更清晰明瞭，最重要的就是

記住正確的發音，關鍵點就在下顎的開啟方式。

　　記住了正確的發音，再讓聲音抑揚頓挫，用腹部來發出聲音，就可以讓自己口齒清晰。如果時間允許的話，每天不妨花二十分鐘來朗讀書本或報章雜誌。

　　努力用口齒清晰的聲音來說話，可加強自我表現能力。

　　至於口頭禪，最好不要出現為宜。雖然有人的口頭禪能表現自我的魅力，但一般來說，聽起來都是刺耳的，會分散掉對方的集中力。

　　想要改善說話品質，可以請親朋好友幫忙注意自己說話時有沒有口頭禪，或者是在心中強烈地提醒自己。

　　很多人都常會不經意地脫口說出：「對呀，對呀……」「我告訴你喔……」等等口頭禪，在無意識之中會重複說著同樣的話，會讓人聽了煩不勝煩。

　　總之，你必須要改掉自己的口頭禪才行。

會「聽話」的人容易成功

在日常生活中學習聽話，可以讓你擁有良好的人
際關係；而在銷售商品時學習聽話，才能讓你贏
得顧客的信賴。

　　現實生活中，很多人不但不懂得如何「說話」，甚至不懂得
「聽話」，這是因為，我們通常只在乎自己的表達能力，忽略了
留意聽別人說話的重要性。

　　這個現象反應了現代人急功近利的心態，以為只要表達得宜，
就可以說服別人，完成自己的目標，卻忽略了「認真聽話」才是
最重要的一環，才是讓別人真正接受你的一種方法。

　　美國的汽車推銷大王喬治・吉拉德在他的推銷生涯中，總共
賣出了一萬多輛的汽車，其中更包含了一年之內賣出一千四百二
十五輛的紀錄。雖然他的銷售成績十分輝煌，但這也是經過多次
失敗才能夠得到的成績。

　　有一天，一位很有名的富豪特別來跟他買車，吉拉德非常賣
力地為富豪解說車子的各種性能，原以為富豪會覺得很滿意，但
是，出乎他意料之外的，富豪最後竟改變了心意，不跟他買了！

　　這讓一向以自己的推銷能力自豪的吉拉德非常疑惑，很想知
道到底是哪裡出了問題。吉拉德思考了一整天，還是不明白自己
的失誤在哪裡，於是到了半夜十二點時，終於忍不住打電話去詢

問富豪，到底為什麼不買他的車。

過了一會兒，富豪才拿起電話，一聽是吉拉德，便很不耐煩地說：「你知不知道現在已經十二點了？」

吉拉德說：「很抱歉，先生。我知道現在打電話很不禮貌，但是，我真的很想知道您不跟我買車的理由！能不能請您告訴我，究竟我讓您不滿意的地方在哪裡？」

富豪沉默了一會，開口說道：「既然你想知道，那麼我就告訴你吧！你的銷售能力真的很強，但是，我不喜歡你今天下午的態度。我本來已經決定買了，可是在簽約前，我跟你提到我兒子的事情時，你卻表現出一副蠻不在乎的態度，而且你一邊準備收我的錢，一邊聽辦公室門外另一位推銷員在講笑話，這讓我覺得很不受尊重。我就是因為你的態度，才打消了買車念頭的。」

不懂得「聽話」重要性的人，無疑是人際交往中的大傻瓜。

從事銷售工作的人都知道，說話技巧只是溝通的第一步，唯有滿足顧客的要求，才能成功地達成銷售商品的目的。但是，如何才能知道顧客的需求呢？這就得靠專注地傾聽，才能達到讓顧客滿意的效果。

「聽話」，是每個人都必須學習的功課。在日常生活中學習聽話，可以讓你擁有良好的人際關係；而在銷售商品時學習聽話，才能讓你贏得顧客的信賴。

說話的態度左右你的前途

如果彼此有不同意見，只需讓他們知道自己的看
法就行了，不必和他們激烈爭論，辯得臉紅脖子
粗。

　　德國心理學家馬克‧拉莫斯曾經提醒我們：「不管贊成或者
是反對某件事，兩種意見總是會有大量的理由。語言的藝術就在
於你如何充分地表達，但是百分之九十九的人，卻經常忽略說話
的重要性。」

　　想要建立良好的人際關係，成功地使事情朝自己期望的方向
發展，就不能不加強自己說話的方式。辦公室裡的人際關係錯綜
複雜。對上班族來說，懂得如何口是心非、怎樣應對進退，是建
立良好人際關係的第一大要素。

　　辦公室裡的談話方式也是一門藝術。

　　首先，對年長的同事應當謙虛、服從。

　　年長的人生活經驗豐富，有很多值得年輕人學習的長處，但
有時會過於保守謹慎。因此，與這些人交談時，即使你有不同看
法，也不可採取不屑的態度，或口出狂言，應該給他們起碼的尊
重。

　　如果在辦公室裡你是前輩，那麼，和年輕的同事談話時更應
該拿捏應有的分寸，保持穩重的態度。因為年輕人容易衝動，又
缺乏工作經驗，因此說話之時，切記不要隨意附和，以免降低自

己的身份。如果彼此有不同意見，只需讓他們知道自己的看法就行了，不必和他們激烈爭論，辯得臉紅脖子粗。

此外，要想獲得年輕人的尊重，絕不可以信口開河、誇大其詞，一旦被他們發現，自然而然的，對你的尊重和信任也將消失。

有些人一和地位高的人談話，自卑感就會顯露出來，使原本清晰的思路變得模糊混亂，講話支支吾吾。也有一些人和職位高的人說話時，習慣大言不慚，而且滿臉不屑的表情，缺乏最起碼的禮節與尊重。

這些都是錯誤的態度。

與職位比自己高的同事說話，不管他是不是你的頂頭上司，都應當保持適度的禮貌，一則他的地位高於你，保持禮貌對你日後的工作會有所助益，若能從談話中知道一點公司的內幕，更將使你從中獲得某種機遇。

再者，他能爬到現在的位置，必定有某些能力、知識、經驗、智慧值得你學習，在口頭上尊重他也是應該的。

當然，尊重職位比你高的人，並非得做一隻應聲蟲不可，那樣的話，他會認為你是一個唯唯諾諾、毫無主見的人，對你留下一個難成大器的印象。

與職位高過自己的人談話，應該以他的談話為主題，多聽話、少插言，並做到集中精神。自己講話時儘量不偏離主題，同時保持輕鬆自然的態度，坦白爽朗地說出自己的想法。

與地位低的同事談話也要掌握分寸，既不可一副趾高氣揚的模樣，也不要過於親密，更不要用教訓的口氣滔滔不絕地說個不停。應該保持和藹有禮的態度，對於他的工作成績加以肯定和讚美。

舌頭比拳頭更好用

遇到蠻橫不講理的人，懂得運用說話的謀略和智慧，才是避免爭執，同時又能解決問題的好方法。

　　蘇聯有句諺語這麼說：「該用舌頭的地方，用拳頭並不能解決問題。」

　　許多日常生活中的實際例子都警惕我們，所有做出蠢事的人，都是在拳頭跑得比舌頭快的時候產生的，因此，做任何決定之前必須牢牢切記，許多事是舌頭可以巧妙解決的，想要教訓小人，又何必非得動用拳頭呢？

　　雖然大家都知道以禮待人是一種高尚的美德，可是，並不見得我們週遭的每個人都有這樣的修養。

　　遇到蠻橫不講理的人，對付他們最好的方法便是敬而遠之，如果真的無法避開，那麼只好運用見招拆招的說話智慧，使他們知難而退。

　　總而言之，硬碰硬絕對不是最好的辦法。

　　回教民族流傳著一則有趣的故事：阿凡提是村裡最聰明的人，專門幫助貧窮的村民，對付村中壓榨窮人的富翁巴依。

　　巴依為了報復阿凡提，有一天，把阿凡提叫到自己家裡，對他說：「阿凡提，大家都說你是最聰明的人，那麼請你猜猜我和

我妻子下棋到底是誰輸誰贏？要是猜對了，我就給你一個元寶；要是猜錯了，我就要打你二十皮鞭。」

阿凡提考慮了一下，便答應了巴依的條件，於是當場找了一張紙，在上面寫著：「你贏她輸」四個字。

巴依雖然不明白阿凡提為什麼要寫給他看，但下棋時還是故意輸給了妻子。巴依很得意地對阿凡提說：「你猜錯了，我要打你二十皮鞭！」

阿凡提笑笑地回答：「你錯了，我才是對的！」

說完，阿凡提在紙上加了幾筆，句子就變成：「你贏她？輸！」

巴依看完，無話可說，但他還是不服氣，要求再猜一盤。

阿凡提答應了巴依的要求，也一樣在紙上寫著相同的四個字。

這一次，是巴依贏了他的妻子，阿凡便提在紙上加了兩筆，句子就變成了：「你贏，她輸！」

巴依非常生氣，他對阿凡提說：「再猜最後一次！這次你要是猜對的話，我一定會把三個元寶全部送給你；如果猜錯了的話，那就別怪我手下無情了！」

阿凡提回答：「我可以答應你，不過你一定要說話算話。」

這一次，巴依故意和妻子下成平手。阿凡提不慌不忙地拿出答案給巴依看，上面寫著：「你贏？她輸？」

巴依想要報復阿凡提的詭計最終還是落空了，眼睜睜看著阿凡提高高興興地拿著三個元寶回家了。

俄國諷刺小說家克雷洛夫在提及說話辦事的技巧時，曾經幽默地說過：「語言就像是一把剃刀，最鋒利的剃刀會幫你把臉刮

得最乾淨，不過，你必須做到靈活地運用這把剃刀。」

　　對於蠻橫無理的人，不要一味強調自己的立場，應該避開雙方相持不下的情況，為自己找到了絕佳的出口。

　　懂得以巧妙的迂迴戰術避實就虛，用對方的邏輯來打敗對方，正是聰明人獲得勝利的重要關鍵。

　　在日常生活中，每個人都有可能遇到像故事中的富翁巴依這樣，不講理又愛仗勢欺人的人。遇到這種人的時候，如果你也採取相同的態度來回應的話，等於是在跟自己嘔氣，結果只會造成兩敗俱傷。

　　所以，懂得運用說話的謀略和智慧，才是避免爭執，同時又能解決問題的好方法。學學阿凡提的智慧吧！

「睜眼說瞎話」可以化解尷尬

要成為一個好的服務人員，不只要了解顧客的心態，現場的反應和情況的掌握，甚至幽默感，都是必須具備的條件。

　　許多先聖先哲都教導我們做人做事必須誠實，但是，誠實必須有一定的限度。有時，太過誠實既於事無補，又會讓彼此都受到傷害。

　　現實生活中，萬一我們遇到尷尬不已的場景，有時候還是得適時地「睜眼說瞎話」，才能化解彼此的窘迫。

　　其實，「睜眼說瞎話」並不一定非得要說謊，只要稍微模糊一下焦點，就可以讓自己和對方都找到下台階。

　　由於生活品質的提高，服務業在現代社會中所佔的比例越來越高，而且相互的競爭也越來越激烈。

　　要想在競爭激烈的市場中脫穎而出，除了完善的硬體設備之外，所有員工的服務態度和說話技巧，更是影響成敗的真正的關鍵。

　　有一個五星級的豪華飯店徵求男性服務生，有三個人前來應徵。面試的時候，每個人都聲稱自己的反應最靈活，最知道如何服務客人。

　　為了考驗出哪一個才是真正出色的服務生，飯店經理出了一

道題目，問他們：「如果你在檢查客房的時候，不小心開錯了房門，正好看見房裡的女客人在換衣服，而她剛好也看到你，這個時候，你該怎麼辦？」

甲回答：「很簡單。我會立刻鞠躬，對客人說：『小姐，真是對不起，我走錯房間了。』然後馬上關門退出。」

乙回答：「我會立刻蒙住眼睛，對客人說：『小姐，很抱歉，但是我什麼都沒看到。』然後趕快關門離開。」

丙聽完甲和乙兩人的回答後說：「如果是我，我會這麼說：『先生，對不起，我視力不好，能不能請你告訴我這是哪裡？謝謝。』」

聽完三個人的回答之後，經理決定錄取丙，成為這個飯店的服務生。

丙之所以會被這家飯店錄取，當然是因為他能夠掌握當時的情況，做出最適當的反應。

試想，女客人在換衣服的時候被陌生人看見，情形一定非常的憤怒和尷尬，可是，丙的回答不但表達了自己的歉意，話語中「視而不見」的說話機智，也同時淡化了彼此尷尬的氣氛。

可見要成為一個好的服務人員，不只要了解顧客的心態，現場的反應和情況的掌握，甚至幽默感，都是必須具備的條件。

別人能看透真正的你

如果你討厭別人，別人也能感受得到，於是他們就會築起一道防備的牆，不讓你看到真正的自己，當然也就不會坦白說出對你的感覺了。

　　熟悉說話的藝術，人與人之間就可以在融洽的氣氛中，彼此交流想法和看法。有時候，你和某人並沒有交集點，但是，適時的說話技巧卻可以讓彼此敞開胸懷，建立起友誼的基礎。

　　但前提是，我們要如何才能訓練自己成為一個說話高手，建立起更和諧、更廣泛的人際關係呢？

　　答案是要學會克制自己，不去說可能傷害別人的話。

　　有一句話說：「在世上最難控制的人就是自己。」

　　的確，要控制自己真的很難，因為，人往往不了解自己的真實模樣，所以難以控制自己。要控制自己，就必須徹底了解自己才行。

　　你知道嗎？你的人格及個性幾乎決定了你的想法及行動，而你的想法又會決定你的自我表現方式。

　　不過，我們卻常常害怕去了解自己的人格及個性，由於不想了解真正的自己，當然就不可能表現出完美的自己了。

　　要完美的表現出自己，就要根據自己的人格及個性、表現時的身心狀態、對方的人格及個性、遭遇場面狀況……等，隨機應變地改變做法，所以，充分了解自己，是非常重要的一件事。

一個人其實可以分為兩大部分，一部分是自我的認知，一部分是別人的認知，因而要了解自己，不只是要了解自己認知的模樣，也必須要了解別人眼中的自己。

可是，我們雖然想知道他人眼中的自己，但有時卻又害怕去知道，也很難向他人啓齒。而且，站在別人的角度來說，誰也不想因為說實話而被人討厭或憎恨，所以通常不會說出實際觀感。

那到底該怎麼辦，才能徹底了解自己呢？

首先，試著詢問和自己沒有利害關係的家人或朋友吧！如此一來，你就能了解自己在別人心目中的印象，而且也能相當冷靜而坦然地去接受。

當然，這樣是不夠的，你還要不時地、不經意地去詢問和自己有所交集的人，總之情報越多，準確率也越高。

那麼，要怎樣才能了解除了家人或朋友以外，大家眼中的自己呢？

首先是試著去喜歡別人。

狗狗之所以會對某些人吠叫，對某些人會開心地搖尾巴，是因為牠們能分辨出喜歡狗與討厭狗的人。人類的世界也是一樣，如果你討厭別人，別人也能感受得到，於是他們就會築起一道防備的牆，不讓你看到真正的自己，當然也就不會坦白說出對你的感覺了。

接下來就是不要老將負面的事掛在嘴上。

比起想法消極的人，我們都會覺得想法積極的人比較有魅力；覺得有魅力，就能向他敞開心房了。

還有就是要以開放的心胸去獲得別人信賴感。也就是將你的想法、心情、意見、人生觀、工作觀……等，坦誠地向他人訴說。

如果對方敞開了心胸，我們自己也會一樣地回應他，那是因

　　爲我們對他產生了信賴感。這樣一來，對方就能將心裡想的事坦白地說給你聽了。

　　最後就是增加溝通的機會。

　　一般人都會對有較多說話機會的人有好感，產生了好感，就容易將心靈敞開。藉由大量製造溝通機會，聽到對方主動說出對自己感覺的機率也會提升。

　　了解在他人眼中的自己人格及個性，就會更了解自己。

自大之前，先秤秤自己的斤兩

遇到事情的時候，請衡量一下自己的能力吧！與
其人前現醜，何不先充實自己，累積實力，再尋
求表現的機會呢？

卡爾曼曾經挪揄地說：「在天國的戶口名簿中，愚蠢的生物
跟聰明的生物一樣，都是早就登記好了的。」

其實，一個人究竟是聰明的還是愚蠢的，並不是絕對的，天
才與白癡往往只有一線之隔，如果你確實知道自己的天份，並且
積極朝這個方向努力，那麼你就是一個聰明人，否則就是浪費時
間和精力的蠢材了。

現代人普遍有一種毛病，就是很容易誇大自以爲是的能力。

明明沒這麼大的能耐，卻堅持自己可以，總是要等到失敗出
現的時候，才肯承認自己真的不行。到了這個時候，不但要耗費
更多的心力來挽回，別人也會因此而對你失去信心。

面對這些執迷不悟的蠢材，讓如何「點醒」他們呢？

有一個畫家，認為自己在繪畫上非常有才能，所以一直堅持
著自己的「藝術」理想，除了畫畫之外，從來不做其他的工作。

可是，他的作品乏人問津，幾乎又一張都賣不出去，所以總
是搞到三餐不濟的地步。幸好街角有一個好心的餐廳老闆，願意
讓他賒欠每天的餐費，因此，這個畫家便天天到這家餐廳來吃

飯。

有一天，畫家在吃飯的時候，突然覺得靈感如泉湧，於是不管三七二十一，抓起桌上的餐巾，拿出隨身攜帶的畫筆，蘸著餐桌上的醬油、蕃茄醬……等各式的調味料，就開始作起畫來了。

餐廳的老闆不但沒有制止他，反而還趁著店裡客人不多的時候，在畫家身邊專心的看著他畫畫。過了好一會，畫家終於完成了他的作品。他看著自己畫在餐巾上的傑作，深深覺得這是他有生以來畫得最好的一幅作品。

這時，餐廳老闆開口了：「我把你所積欠的飯錢一筆勾銷，就當作是買你這幅畫的費用，你說好不好？」

畫家聽了老闆的話，又驚訝又感動地說：「沒想到，你也看得出我這幅畫的價值！看來，我真的是離成功不遠了。」

餐廳老闆連忙說：「請你不要誤會，事情是這樣子的，我有一個兒子，他也像你一樣，成天只想著當一個畫家。我之所以買這幅畫，是想把它掛起來，好提醒我的孩子，千萬不要落到跟你一樣的下場。」

每個人都有自己的夢想，嘗試新的事物和勇於接受挑戰是好事，因為這樣可以激發出自己潛在的能力，可是欠缺自知之明，陶醉在自己的幻想之中，只會一再地曝露自己的不足，徒然惹人笑話。

遇到這樣的人的時候，請勸告他們：衡量一下自己的能力吧！與其人前現醜，何不先充實自己，累積實力，再尋求表現的機會呢？

何必為了缺點而感到自卑

真正的強者是不會有死穴的，他勇於承認自己的弱點，做足了心理建設，其他人無法由這些地方打擊他，因為他根本不怕別人的攻擊。

由於生長環境和所受的教育程度不同，因此，每個人行事風格大異其趣，說話的方式也不盡相同。

交際時說話應當注意察言觀色，對不同的人應當採取不同的說話方式，並且時時注意變換談話的內容，面對那些經常口出惡言或有意羞辱自己的人，更應該選擇適合的話題，回敬對方的驕橫無理。

晏子是春秋時代齊國著名的宰相，他雖然身材矮小，但是才高八斗、頭腦靈光，並且以機智聞名於世。

一次，晏子奉命出使楚國，楚靈王一向看不起齊國，於是晏子矮小的身材正好成為他取笑的題材。

楚靈王一見到晏子，便毫不客氣地說：「難道齊國沒有人才了嗎？怎麼派一個侏儒來這裡呢？難道不怕丟人現眼嗎？」

晏子早已料到楚靈王居心叵測，故意借題發揮，於是不動聲色、不慍不怒地回答道：「我們齊國可說人才濟濟，隨便一個路人甲都是個不可多得的人才。只是，我們齊國的規矩甚嚴，規定賢明的人出使賢明的國家，不才的人就出使不才的國家，我晏子

身材矮小，又沒什麼長處，所以就被派來出使楚國了。」

楚靈王偷雞不成蝕把米，被晏子反將了一軍，心裡自然火冒三丈。

正巧此時外面的士兵剛好押了一個囚犯經過大殿，楚靈王逮到了機會，故意大聲地問：「這名囚犯犯了什麼罪？」

士兵回答：「偷竊罪。」

「囚犯是哪裡人啊？」楚靈王明知故問。

「齊國人。」

楚靈王對這個答案非常滿意，露出洋洋得意的姿態，對著晏子挑釁地說：「齊國是窮到沒飯吃嗎？怎麼你們國家的人都喜歡做賊啊？」

晏子知道這場戲是楚靈王刻意安排的，目的無非是想令齊國蒙羞，所以他依然不慌不忙地回答道：「聽說江南的橘子，一旦移到江北就變成了枳子，橘子會長成枳子，是因為本身所處的環境不同，這麼簡單的道理，大王您一定明白。同樣的，齊國人在齊國奉公守法、安居樂業，一到了楚國就變成盜賊，這也是因為所處環境不同的緣故，和他來自什麼地方又有何關係？」

楚靈王自知理虧，對晏子臨危不亂的表現更是佩服得五體投地，於是立刻改以上賓之禮款待他。

晏子最令人佩服的地方，不只是他過人的機智和說話技巧，而在於他能敞開心胸，正視自己的缺點。

真正的強者是不會有死穴的，他勇於承認自己的弱點，做足了心理建設，其他人無法由這些地方打擊他，因為他根本不怕別人的攻擊。

因此，何必為自己的小鼻子、小眼睛而煩惱？更不必為自己

的多一塊少一塊肉而感到自卑，誰沒有缺點？誰沒有過錯？

　　勇者無所懼，千軍萬馬都不怕了，又豈會被自己的小瑕疵所打敗？

　　話說得體合宜，不僅能表現出自身修養的高雅，也能輕易地迎戰別人的攻擊，透過說話策略與技巧，讓人們接受你的意見或觀點，使人願意接近你，提昇自己的溝通、辦事效率。

　　只要做好心理建設，平日勤於鍛鍊自己的說話技巧，要成為像晏子這樣充滿機智幽默的說話高手，其實一點都不困難。

告訴自己：我一定做得到

人類其實都有一種強烈的潛在慾望去表現自己，
尤其是人類只要被稱讚，就會告訴自己說：「我
也做得到」，充滿自信地行動。

　　有的人雖然無知，但卻擁有異於常人的自信，所以言談之間
充滿表現慾望。

　　那種氣勢往往讓人處於被動狀態，所以他們會越來越覺得成
功是靠自己的實力。因爲他們的無知、感受力遲鈍，即使有人給
予負面的批評，他們也會認爲那是批評的人不了解他們的關係。

　　反觀，有的人因爲自信心低，說話之時瞻前顧後，認爲即使
成功了也是外在因素使然，一旦失敗了就會深信是自己沒有能力，
變得一蹶不振。

　　所以說，人類發揮說話能力的原動力及原因是因人而異的。
下列就是一些阻礙說話能力發展的主要原因：

　　首先是煩惱自己說服別人的能力不足。若深信自己無能，說
話辦事的衝勁就會慢慢減弱，心情無法安定，無法控制膽怯。

　　接下來是懦弱，一旦懦弱了，想說服別人的衝勁就會萎縮。
因爲在意結果而懦弱的話，衝勁就會慢慢減弱，不久後就會爲無
力感而煩惱。

　　還有一個情況是認爲即使自己努力表達意見了，也不會得到
好結果。

當一直重複失敗，或是一直想要努力卻到達不了自己的要求水準時，就會認為自己在言談方面是不行的。

另外，就是認為自己在增強說話能力方面，根本無能為力。

當不安感、恐懼感與緊張感，漸漸出現在表情與態度上時，就會更加助長無力感了。

以下是一些解決方式：

1. 整頓外在形式。首先試著採取沉穩的態度，例如大聲說話，從外在形式開始。心靈影響著外在，外在也會整頓心靈。

2. 認識會稱讚你的人。和體貼自己的人在一起，他們會告訴你不需要有自卑感，並會適時給予激勵。

3. 尋找解決事情的方法。得到解決的方式後，就能夠重新調整心情了，因為你已經知道怎麼做、怎麼說才會更好。

4. 尋找會正面刺激你慾望及情緒的資深指導者，並向他學習說話謀略，也就是向擁有一流指導能力的人學習。

5. 要有周到的準備。對言談內容有自信，也就會湧現衝勁。

人類其實都有一種強烈的潛在慾望去表現自己，尤其是人類只要被稱讚，就會告訴自己說：「我也做得到」，充滿自信地行動。

被人稱讚，是激發說話辦事衝勁的動機來源。

9

遇到攻擊，不妨以幽默還擊

當別人以不友善的態度或言語來對待你時，

如果能以幽默的態度來回應，

那麼你得到的將不會是羞辱，

而是別人對你的深刻印象。

不要遭到反駁就退縮

想要讓別人了解自己，首先就必須讓對方明白自己的想法，不要擔心別人的反駁或質疑，因為只有反駁和質疑才能讓想法中的瑕疵消失。

語言是人類交流的工具，人與人之間的交往和溝通，都不可能離開語言。

語言，可以說是人們傳播知識、交流思想，並將喜怒哀樂等等複雜的情緒與情感傳遞出來的最佳方法。

在現今資訊爆炸的時代，人與人之間的聯繫比以前更為頻繁，這個頻繁的交往更難脫離語言，語言的重要性不必細說，便可得知。

每個人都有自己的看法或意見，但是，卻不是每個人都「敢」表達自己內心真正的想法或意見。

要是你連自己的想法都不敢說出口，那麼你如何有勇氣面對困難，如何能創造機會，進入成功的殿堂？

有一個學生考上了英國牛津大學的博士班，但是這個學生卻在參加口試的時候，因為教授質疑她的研究計劃，而和教授展開激烈的辯論。

到最後，教授大聲地說：「妳的研究計劃包含了不下十個錯誤，根本就不是一個合格的研究計劃！」

　　學生也不甘示弱地反駁教授：「這只能表示我的研究計劃不成熟，並不表示這個計劃不合格！而且，如果您能接受我成為您的學生，我有信心，一定可以把這個計劃執行得盡善盡美。」

　　教授很生氣地說：「難道妳要我指導一個反對我理論的學生嗎？」

　　學生回答：「坦白說，教授，我就是這麼想的。」

　　口試結束後，學生心想：「牛津大學應該不會錄取我了。」於是她垂頭喪氣地坐在門外等候通知。

　　沒想到，助教在宣佈錄取名單時，竟然出現了這個學生的名字。

　　名單宣佈完後，教授當著眾人的面對她說：「孩子，雖然妳罵了我兩個小時，但是最後我還是決定錄取妳。我要妳在我的指導下反對我的理論，這樣一來，如果事實證明妳是錯的，我會很高興；如果證明妳是對的，我會更高興。」

　　想要讓別人了解自己，首先就必須根據當時置身的環境，採用適當的說話方式，讓對方明白自己的想法。

　　勇敢把自己的意見說出來，不要擔心別人的反駁或質疑，因為只有反駁和質疑才能讓原來想法中的瑕疵消失。

　　而且，就算說明想法之後還是無法得到認同，至少你努力過，也證明了你不是個遇到困難就退縮的人。

不要讓眼睛長在頭頂上

自大的人的特徵，就是他們非常缺乏實際的行
動，他們只是光憑一張嘴說得天花亂墜，卻不會
真正的把話兌現。

　　不尊重別人感受與立場的人，不管擁有如何高深的學識，最
終只會引起別人的討厭與嫌惡，在說話的時候很難達到有效溝通
的目的。

　　說話的藝術，其實就是態度上的不卑不亢。我們在論述自己
意見的同時，如果能夠同時運用傾聽的技巧，表達出冷靜、理智
且流露尊重對方立場的態度，無形之中就會讓彼此的交流愈來愈
順暢。

　　大家都應該不太喜歡自大的人，所以也很難把自己真正的想
法坦白告訴他們。因此，自大的人往往沒察覺到自己想法的不成
熟，或知識的不足，更不用說發覺到自己缺乏學習與不明世故的
一面。

　　自大的人會覺得，我可依自己的想法去解決所有的問題。一
個人如果用這種自命不凡的態度來生活，必定會在無形中遭受許
多的挫折，或錯失無數可貴的學機會。

　　而且，當你以這種態度過活時，周圍的人都會敷衍你，包括
你的親人、朋友、部屬或學生。他們不會告訴你內心真正的想法，
而是在和你進行表面上的交往，只不過是你一直沒察覺而已。

每一個人都不喜歡得罪別人，所以不會有人來糾正你的自大態度。即使是上司也不想讓部屬討厭，他們寧可表面上對你說：「你表現得實在太棒了！」但心裡其實是這樣想：「這個驕傲自大的傢伙！」

自己是否很自大？若不時時認真的自我檢討反省，其實是很難發現的。

接下來，就提供兩個「線索」，讓大家做自我檢視一番。

首先是捫心自問：「我是否是一匹人人敬而遠之的狼？」

自大的人，大家都會不想接近他，所以會在不知不覺中變成孤單一人。如果，已經很久沒有人邀你去他家，或是邀你一起喝個茶，你就必須開始反省這一陣子自己的言行是否過當。

自大的人的第二個特徵，就是他們非常缺乏實際的行動，他們只是光憑一張嘴說得天花亂墜，卻不會真正的把話兌現。

例如，他們總把自己說得像日行一善的童子軍，卻從不會將筆記借給別人，不會把座位讓給老人，也不曾真心回饋過些什麼。

那麼，要怎樣才不會變成自大的人呢？

首先是時時增廣見聞，要深刻的體認到目前自己的想法或擁有的知識，在這個知識爆炸的時代中猶如滄海一粟而已。因此，要試著去了解自己做得到的事是什麼，做不到的事是什麼。

接下來就是和能坦白說話的人交朋友。如果做不到，可以多參加類似團體諮詢的活動，或是以不記名方式去要求部屬或學生做問卷，寫出希望自己可以改進的地方，也許，你會發現經常有人會這樣寫：「不要老是誇大其詞、光說不練！」

學習從別人對自己的認知當中，為自己的說話態度與技巧找到新的定位，是一個人成長必經的路程。

有時自己認為是正面的部分，從他人的觀點來看卻是負面的。

相反的，自己認爲是負面的部分，別人可能認爲：「那個人有這種優點，爲什麼卻那麼自卑呢？」

這時，過度的謙虛反而會被視作矯情的表現。

我們想要在言談方面有所成長，就必須增長正面的部分、改善負面的部分，但我們很難明確或客觀地判斷哪些是自己負面的部分，因此追求互相忠告的人際關係是很重要，如果不把別人的金玉良言放在心上的人，是不會成長的。

成爲一個被忠告者，其實是值得高興的，因爲這表示責備或忠告你的人不管是家人、朋友、上司或前輩……等等，是真正關心你的。

此外，當你被責備時，應該怎麼做才好？

首先就是要坦然地虛心道歉。倘若死不服輸或是不假思索頂撞回去的話，下次就再也不會有人指正你了。

接下來則是不要逃避責任，如果你把責任推到上司或同事身上，簡直就是犯了第二次錯誤，只會讓問題變得更加複雜、難以解決。

再者是不要情緒化，因爲一旦變得情緒化就容易嚇跑身旁的人，會讓自己的世界變狹小，最後只會讓自己孤立無援。不要把衷心忠告你的人都當作看不起你或有意貶低你的敵人，這樣實在太傻了。

另外，也不要死要面子，如果你突然惱羞成怒，對方可能會丟下一句：「隨便你好了！」就棄你而去。

最後，則是要思索他爲什麼要這樣對你說？

人沒有完美的，如果對方對你說的話令你很難接受話，你可千萬別認爲他是對你有所不滿，這時千萬要先冷靜一下，他對你說的內容可能很重要，要對事不對人才是成熟的做法。

遇到攻擊，不妨以幽默還擊

當別人以不友善的態度或言語來對待你時，如果
能以幽默的態度來回應，那麼你得到的將不會是
羞辱，而是別人對你的深刻印象。

赫伯特曾經說過：「那些只會嚼舌根、談是非的人，就像池塘裡的青蛙一樣，成天喝水而且聒噪不休。」

要輕鬆應付這樣成天批評別人的人，必須具備一些幽默感。

所謂的幽默，就是將可笑的事物按照本來的情況，用另一種方式加以描述。幽默當然帶有幾分自然和偶然，但是，只要反應敏捷，通常可以化解尷尬場面。

在人際關係中，學習如何運用幽默是很重要的。

要知道，不是每個人都會以友善的態度對待你，所以懂得運用幽默感，就能夠在別人對你不友善的批評或攻擊時，在不傷害彼此的和氣，又能維持自己尊嚴的況下，充分地予以反擊。

紀曉嵐五十五歲的時候，晉升為內閣大學士兼禮部侍郎。因為紀曉嵐專門打擊貪官污吏，朝廷中有很多人對紀曉嵐的升官感到不滿和眼紅，於是一些平時和紀曉嵐不合的大臣，便聯合起來，以慶賀他升官為名，擺了一桌酒席請他吃飯，事實上是想藉機羞辱他一番。

正當大家吃到一半，酒席間突然跑來了一隻狗。

其中一位御史逮到機會，就故意指著狗問紀曉嵐說：「請問紀大人，你看那隻是狼（侍郎）是狗？」

紀曉嵐當然明白這位御史是有意在羞辱他，但是他並沒有生氣，不慌不忙笑嘻嘻地回答：「是狗。」

席間有一位尚書問他：「你怎麼判斷那是隻狗呢？」

紀曉嵐故意慢慢地說：「狼與狗不同的地方有兩點：第一個不同，是先看牠的尾巴是不是上豎，上豎（尚書）就一定是狗，不上豎就是狼！」

紀曉嵐的話弄得尚書十分尷尬，無言以對。

紀曉嵐接著又說：「第二則是從牠吃的東西來分辨。大家都知道狼的野性十足，但就算是肚子餓了，也不是什麼都吃；可是，狗就不一樣了，餓的話則遇肉吃肉，遇屎（御史）吃屎！」

紀曉嵐的幽默反應不但使他免於被羞辱，還狠狠地反擊了對方一頓。

當別人以不友善的態度或諷刺性的言語來對待你時，其實目的只是要讓你下不了台而已，如果你真的因此而嘔氣的話，不但達到了他的目的，其他人也會開始對你產生負面的評價。

這個時候，如果能以幽默的態度來回應，甚至像紀曉嵐這樣加以回敬，那麼你得到的將不會是羞辱，而是別人對你的深刻印象。

如何巧妙拒絕別人？

首先要先認同對方說的話，因此你可以這樣說來先平息他的怒火，對方就會不容易對你產生敵意，也能滿足他的自尊心。

世間的每個人都是獨立的個體，也擁有各自的思想和行為模式，因此，面對不盡如己意的景況，希臘詩人荷馬曾經勸告我們說：「把你激動的心情按捺下去，因為溫和的方式最適宜；還要遠離那些劇烈的競爭。」

當對方否定或拒絕你的意見或想法時，你會有什麼樣的感覺呢？

任何人一定都會覺得不太高興吧！這時必然會有一股怒氣油然而升，或對對方產生反感。因為對方的拒絕或否定，會使我們的自尊心受到很大的傷害。

在這種狀況下，我們應該如何委婉地拒絕別人，才不會讓對方產生不愉悅或自尊心受損的感覺呢？

1. 當對方說話時，不要每次都反駁他。

很多人發表意見時，都會聽到直接否定或拒絕的反應：「不對，我不那麼認為，那應該是這樣的……」「是嗎？我覺得不是這樣……」「你在說什麼？這怎麼可能呢？你講話好奇怪……」等等。

其實，這些話對一般人來說，聽到只會越來越反感而已。所以說，這是一種最差勁的拒絕及否定法。

2. 要聆聽對方的話，直到告一段落。

聆聽他人說話，一定要等到對方說話告一個段落為止，即使你有反對的意見，也應該暫時忍住，無須急於表現。

因為發言的人會想將自己想法完整的表達讓對方知道，並希望得到對方認同，因此對於話題被中斷，並遭否定一定會很生氣。

3. 先表示認同對方的態度，再提出反對意見。

當你在聽完對方的話後，必須針對對方的話，傳達出自己並不是否定對方的想法，而且我們的構想其實是有相通之處，只是做法上有些不同，而關於這一點我們可以再作溝通和討論。

若直截了當地表示反對或否定，對方就會對你產生反感或敵意。

所以，首先要先認同對方說的話，因此你可以這樣說來先平息他的怒火：「是，你說的話我很明白。」這樣一來，對方就會不容易對你產生敵意，也能滿足他的自尊心。

接下來，你可以試著說出自己的想法：「我也很贊同，不過我另外有一個的想法。你覺得如何呢？如果有不對的地方請提出來。」

這樣一來，對方就不會對你反感，而且大多能冷靜思考你所說的話，並且接受你的建議。

該說謊的時候還是得說

雖然說謊不是好事,但是偶爾一兩句善意的謊
言,會帶來令人意想不到的驚喜效果。

　　越是熟悉的東西,越容易被人們忽視,正因爲我們天天都在
說話,所以總是覺得說話不是多麼困難的大事。

　　其實,說話是一門藝術,話說得恰如其分,才能如雪中送炭
直暖心底;話說得不得體,則令人心寒情傷,如履寒冰。

　　簡單的事情當中總是蘊含著大道理,說話的藝術正是人人必
修的課題!

　　有很多人都反對「見什麼人,說什麼話」的做法,認爲那是
表裡不一的人才會做的事,是兩面三刀、華而不實的表現。

　　事實上,只要不是心存惡念,見什麼人還真要說不同的話。

　　說謊,連三歲小孩子都知道這是一種壞習慣,可是,在大人
的世界裡,總是誠實的直來直往有時候反而會吃大虧,因此善意
的謊言是有必要存在的。

　　善意的謊言最忌諱的就是過於誇張,而且要配合適當的時機
和場合,這樣才能讓謊言發揮出最大的效果。

　　在一次盛大豪華的舞會上,甲對舞會的主人──一位徐娘半
老,但仍然風韻猶存的女士說:「看到您,不禁使我想起您年輕

的時候。」

女士微笑的問：「我年輕的時候怎麼樣？」

「很漂亮。」甲回答。

「難道我現在不漂亮嗎？」女士開玩笑的問。

沒想到甲竟然非常認真的回答：「是的，比起年輕時候的您，您現在的皮膚不但鬆弛，缺少光澤，甚至還有不少皺紋。」

這位女士聽完甲的這番回答，臉上不禁一陣白一陣紅，十分尷尬的瞪著甲，剛才的自信完全消失了。

就在這個時候，乙適時出現在這位女士的面前，彬彬有禮的伸出手，對她說：「不知道我有沒有這個榮幸，請這個舞會上最漂亮的女士一起跳舞呢？」

女士的眼睛頓時亮了起來，接受了乙的邀請，兩個人在舞池裡跳了首舞曲。女士像突然變了一個人般，全身散發著迷人的魅力，就像個漂亮的年輕女孩！

舞會過了沒幾天，甲和乙同時收到一封訃文，那位女士突然死了。不過，乙比甲還多收到一封遺囑，這位女士在遺囑中註明將自己所有的財產留給乙。

有一句林肯總統經常引用的西洋諺語說：「一滴蜂蜜能比膽汁招來更多的蒼蠅」，由此可見甜言蜜語比毫不留情的實話更能夠吸引別人。

雖然說謊不是好事，而且謊言一旦被拆穿，下場往往比說實話還慘；但是，偶爾一兩句善意的謊言，會帶來令人意想不到的驚喜效果。

要把自己的誠意表現出來

有些話，即使再怎麼支吾結巴也要講出來，不講出來，別人永遠不知道你的心意，誤會往往就是這樣造成的。

笑是人的優良本能，也是人際關係中最好的調劑。

然而，不是每件事都憑著一味地傻笑就能過關的，總要在適當時補上幾句得體的話，你的笑容才會顯得更有誠意！

下面是一則笑話，告訴你那「幾句話」的重要。

有一天，老陳的老同學到家裡來拜訪，二個人多年不見，便在客廳裡天南地北地聊著。

話匣子一開就沒完沒了，不知不覺已經到了晚餐時間。老陳五歲的小兒子跑進來，趴在爸爸的肩膀上咬耳朵。

老陳和朋友聊得正高興，看到兒子這麼沒規矩的行為，立即大聲訓斥道：「真沒禮貌！當著客人的面咬什麼耳朵？爸爸不是告訴過你，做人要坦蕩蕩，有什麼話不能當面明講的！」

小兒子受到爸爸的訓斥，只好乖乖聽話，順從地說：「媽媽要我告訴你，家裡沒有菜，不要留客人吃飯。」

一時間，兩個大人都當場楞住了。即使朋友原本就沒打算留在老陳家吃飯，但是聽了這番話也難免不悅，彷彿在下逐客令似的，面對這麼尷尬的場面，這下子老陳到底該怎麼解釋呢？

　　還好老陳足智多謀，他腦筋一轉，伸出手來，在兒子的小腦袋上輕輕打了一下，然後說：「你這個小笨蛋！我不是告訴過你，只有隔壁囉唆的王大嬸來時，才要跑過來說這句話嗎？你怎麼搞錯了？」

　　如果老陳當時只是尷尬地傻笑，甚至伸手搔了搔頭，老朋友也許不會在意，但是他還好意思繼續待在老陳家裡嗎？

　　識相的話，一定先找個藉口告辭，而且以後再來拜訪老陳，就算心裡不存芥蒂，也會刻意挑個「適當」的時間。多年的朋友彼此間相處變成要小心翼翼，這是多麼可惜的一件事！

　　也許，你不能像老陳一樣補漏洞補得這麼圓滑，但是，在言談之時也總該有一些適時的善意表示。

　　凡是明眼人都看得出來，這個孩子只是在為母親傳話，根本沒有搞錯什麼，但是你多講了那幾句話，代表的正是你的誠意。

　　告訴別人不要在意，一個心情的轉彎，感受就全然不同了。

　　有些表達自己善意的話，是省不得的，即使再怎麼支吾結巴，再怎麼冷場怪氣，也要適時地講出來。

　　倘使你不把該說的話講出來，別人永遠不知道你的真實心意，彼此之間的誤會往往就是這樣造成的。

靈活運用自己的幽默

在我們的日常生活中，最常見的有三種類型的幽默：哲理性、詼諧性和嘲諷性幽默。優秀的領導者可以從中萃取菁華，靈活加以運用。

無論是哪一種幽默，即使差異很大，它們都有著一個共同之處，那就是旨趣必須是由內而外地發出，從人的顯意識和潛意識中產生。

就幽默的展現而言，輕鬆滑稽、逗人開懷的詼諧話語，那可以說是幽默；才智機敏，妙語解疑的機智，也是一種幽默。

就幽默而言，「幽自己一默」的自嘲，那可以說是幽默；「幽別人一默」的調侃，也可以說是幽默。

就幽默所製造的效果而言，讓人露出會心的微笑，那是幽默；讓人忍不住哄堂大笑，那也是幽默。

就幽默的境界而言，寓意風雅、耐人尋味的風趣，可以說是幽默；氣度恢宏，率真超脫的豁達，也可以說是幽默。

幽默可以帶來快樂，使人從痛苦的經驗和情緒中掙脫出來，是一種生理和精神活動，英國著名哲學家索利曾經這樣談幽默：「人類語言中幾乎沒有一個詞彙，比這個人人都熟悉的詞更難下定義了。」

幽默是個開放的和通俗化的語言概念，幽默的方式可說是「無限」的。

它的關鍵因素在於是否具有「趣味性」，只要能產生有趣的效果，任何有聲的和無聲的，任何有形和無形的舉動、言語、思維、氣氛都可以成為幽默的媒介，傳遞幽默的訊息符號，從而成為幽默的表達方式和存在形式。

什麼力量是幽默的真正源泉和內容呢？

我們可以進一步說，有趣與好笑的舉止談吐，主要更取決於行為主體的情感、好惡、文化素養……等等。

蘇聯美學家賓斯基曾經說：「幽默可以採取任何形式，以適應任何的時代思潮及其歷史性格。」

關於這點，從當代歐美各國幽默雕塑、幽默工藝、幽默新聞……等等的流行，就可以得到證明。

我們可以這樣認為，所謂幽默只是較高級的玩笑話，它不一定要使人捧腹大笑，只要能使別人莞爾一笑，便已達到基本功能。

它從人的顯意識和潛意識中產生，因而它是人的情緒、情感、意識、個性，還有價值判斷合乎邏輯的表露。

正因為如此，它總是生動地表現出各種各樣心智和心力，成為一種能為人們所能感知和把握的個性心理和社會心理。

在我們的日常生活中，最常見的有三種類型的幽默：哲理性、詼諧性和嘲諷性幽默。優秀的領導者可以從中萃取菁華，靈活加以運用。

哲理性幽默，包括那些靈機一動的閃光和火花，信手拈來的雋詞佳句，耐人尋味的諧趣珍聞，令人回味無窮。例如：

「如果你想考驗狗的愛情，那麼你只需要扔過去一根骨頭。」

「如果你想讓人記住你，你就得不斷地跟他借錢。」

詼諧性幽默，大多出現在性格的幽默中，表現方式是大智若愚的「拙巧」，這類幽默往往三言兩語，卻能收到讓人拍案叫絕

的效果。

很多人都聽說過這樣一個故事，德國天才詩人歌德在威瑪公園的小徑上，和一位自命不凡的文藝評論家相遇。

那位評論家傲慢地說：「對一個傻子，我絕不讓路。」

歌德聽了之後，微笑著往旁邊一站，說道：「我卻恰好相反。」

他的詼諧不但含蓄，而且還具有比正面攻擊強烈得多的反擊效果。

最後，我們再來看看嘲諷性幽默。

「嘲諷性幽默」是最常見的幽默之一，它是以溫和而寬厚的態度對假、醜、惡的人或事，做出輕微的揶揄和批評，有時雖然荒誕不經，卻能發人深省。

其中所產生的張力，遠比一大堆廢話，或一長串情節更富有表現力和效果。

「拐彎罵人」比直言勸諫更有效

勸告必須是婉轉的，不要讓別人有「被指責」的感覺；轉個彎，換個方式，這樣的勸告才能達到效果。

　　談到說話的藝術，或許有人會不屑地說，說話根本沒有什麼困難，只要不是啞巴或是剛出生的孩子，誰都會說話。

　　的確，人人都會說話，然而，並不是每個人都能把話說得十分切題動聽，而且還要能說到重點，讓人心有戚戚焉。

　　沒有人喜歡聽到批評和指責，因此，在勸告別人的時候必須非常小心，不當的用字遣辭不但達不到勸導的效果，甚至還會傷害彼此的感情。

　　學習如何恰當地或技巧性地給予別人建議，無疑是一個人在建立良好的人際關係時，不可或缺的一環。

　　大家都知道，唐太宗李世民是一位賢明的君主，但是很少人知道唐太宗的元配長孫皇后，也是一個非常有說話智慧的女子。

　　有一天，唐太宗退朝回到寢宮，很生氣地對長孫皇后發誓說：「我要是不殺掉這個可惡的莊稼漢，我的尊嚴遲早會蕩然無存！」

　　長孫皇后一聽，連忙詢問這個莊稼漢是誰？

　　唐太宗憤憤地回答說：「還會有誰？當然是魏徵那個傢伙！

只有他敢在大庭廣眾下頂撞我，讓我下不了台。」

長孫皇后聽完唐太宗的話後，沒有說什麼，只是立刻換上皇后的正式宮服，然後站在庭院中，恭敬地向唐太宗行大禮。

唐太宗對長孫皇后的行為感到十分驚訝，便問皇后為什麼要這樣做。

長孫皇后婉轉地回答：「臣妾曾經聽說，只有英明的皇上，才會有正直的臣子。魏徵之所以如此正直，都是由於您的英明而造成的，既然如此，臣妾怎麼能不向皇上祝賀呢？」

唐太宗聽了長孫皇后的話，不僅怒氣全消，而且還反省了自己的過錯，不久之後，便將魏徵升為宰相了。

後來，魏徵因病過世，唐太宗為此感到悲慟不已，不但親自替魏徵送葬，還親筆為魏徵寫了碑文。

如果沒有聰明賢慧的長孫皇后以技巧性的言詞暗中幫襯，魏徵這個忠臣可能早就死在唐太宗的刀下了。

由長孫皇后的例子可知，勸告必須是婉轉的，因為如果長孫皇后跟魏徵一樣，採用直言進諫的方式，結果只會讓唐太宗更生氣，而且根本無法解決問題。

所以，想要勸告的時候，不要給別人有「被指責」的感覺，轉個彎，換個方式，這樣的勸告才能達到效果。

給小人一點點教訓

只要心態正確，再加上一點點的小技巧，你就可
以在複雜的人際關係中，顯得從容自在，無往不
利。

俗話說：「有理走遍天下，無理寸步難行」，話雖如此，但
世界上卻不是每一個人都如此理性、願意講道理的。

遇到不願意講道理的人時，與其浪費寶貴的時間跟他爭執，
倒不如換個角度，用智慧來解決，得到的效果可能遠比說破嘴還
要好得多。

有一個富翁生性吝嗇，小氣到一毛不拔的地步。

這個富翁有一個兒子，正值該認字讀書的年紀，於是他便計
劃聘請一位教書先生來教導他的兒子。

可是，每一個教書先生都教不了幾天就辭職了！因為，富翁
訂了許多規矩，教書先生如果不遵循這些規矩，不但拿不到薪
水，甚至還要被罰錢！

如此一傳十、十傳百之下，大家都知道富翁的吝嗇、刻薄作
風，所以沒有人願意去富翁家教書。

這時，有一個曾經吃過虧的教書先生的弟弟，聽了哥哥的抱
怨之後，便決定要給富翁一個教訓，於是，立刻到富翁家去應徵
教書先生。

　　富翁看到竟然有人願意答應他苛刻的條件，心裡非常高興，但又怕口說無憑，所以要求教書先生寫一張合約，以茲證明。

　　這個教書先生二話不說，立刻拿起筆來，寫下：「無雞鴨亦可無魚肉亦可，青菜一碟足矣」的字樣。

　　富翁看完，認為是：「無雞鴨亦可，無魚肉亦可，青菜一碟足矣」，所以二話不說，很高興地就在合約上簽字了。

　　等到吃飯的時候，富翁便端出一碟青菜給教書先生下飯，這時教書先生不高興了，並且指責富翁違背合約。

　　富翁覺得很奇怪，便問教書先生自己哪裡違約了？

　　教書先生慢條斯理拿出合約，指著上面的文字說：「請你仔細看清楚，我的合約到底是怎麼寫的？」

　　富翁仔細一看，才發現合約上還有一些標點符號，原來整張合約是這樣寫的：「無雞，鴨亦可；無魚，肉亦可；青菜一碟，足矣。」

　　富翁雖然氣得咬牙切齒，但是也只好自認理虧，乖乖地付出賠償了。

　　雖然心存善念、為人圓融是處事應有的態度，可是有的時候，面對蠻橫不講理的人，在言談之間使一些小手段也不失為解決問題的好方法。

　　不妨學學故事中的教書先生，只要心態正確，再加上一點點的小技巧，你就可以在複雜的人際關係中，顯得從容自在，無往不利。

10

別落入「好話」的陷阱裡

對你好的人不一定是好人，

同樣的，說你好話的人，

也不一定是真心地讚美你，

因為好話的背後，

或許還隱藏著一些你不知道的動機。

拐彎抹角有什麼不好？

以幽默的方式，不直接面對問題，而採取拐彎抹角的手段，可以消弭彼此針鋒相對的尖銳感，當然，也可以更圓滿地解決問題。

「以偏概全」是人性的一大弱點，一旦產生偏見，造成既定印象，就很難改變。所以，如果你遭到誤解，除非自己真的一點也不在乎，否則就得好好想個方法來讓事情「真相大白」，為自己「洗清冤屈」了。

有位養雞場的主人，向來討厭傳教士，因為他覺得大多數傳教士嘴上講的是一套，實際做的又是一套。於是，這名養雞場主人，有事沒事就喜歡信口說說傳教士的壞話，到處散佈謠言。

一天，有兩個傳教士找上門來，向養雞場主人說想買隻雞。即使是自己討厭的傢伙，但生意上了門，總不好往外推吧！養雞場的主人於是忍著心中不快，帶著兩名傳教士來到雞場裡，讓他們自己去挑。

只見這兩名傳教士在偌大的養雞場中走來走去，挑了半天，卻抓來一隻毛掉得差不多，看起來病奄奄又相當難看的跛腳公雞。

主人心裡感到奇怪得很，不禁問他們，為什麼滿園子都是活蹦亂跳的雞，而他們偏偏挑上這隻。

其中一位傳教士聳聳肩，回答說：「我們是想把這隻雞買回去，養在修道院的院子裡，然後告訴大家，這是你的養雞場養出來的雞，順便為你做做宣傳。」

主人一聽，心中不禁著急，連忙搖手：「不行！不行！你們看這養雞場裡的雞，哪一隻不是漂漂亮亮、肥肥壯壯的？就這一隻不知道怎麼搞的，一天到晚愛打架，才會弄成這副德行。你們拿牠來宣傳，大家會以為我的雞全是這樣，那可不成！你們改挑別的雞吧！否則，這對我來說，實在太不公平了。」

另一位傳教士笑嘻嘻地說：「對呀，只是，你的行為不也是如此嗎？少數幾個傳教士行為不檢點，你就以他們為代表，一竿子打翻了一船人，對我們來說，不也是不公平嗎？」

養雞場主人這才明白自己的偏見過了頭，於是，不好意思地抓來了隻肥美強壯的大公雞，送給兩位傳教士，並答應不再胡亂說傳教士的壞話了。

傳教士「以其人之道還治其人之身」的法子奏了效，養雞場主人擔心「負面廣告」成真，壞了自己的生意，忍不住提出抗議，而傳教士則藉此讓雞場主人對於「被誤解」一事感同身受。

像傳教士一樣，設法讓對方有機會站在自己的立場上感受一下，其實是不錯的方法，可以讓彼此冷靜地再權衡一下，看看究竟是「偏執」還是「事實如此」，相信結果會有所不同。

以幽默的方式，不直接面對問題，而採取拐彎抹角的手段，可以消弭彼此針鋒相對的尖銳感，當然，也可以更圓滿地解決問題。

適度地強迫自己開口說話

> 越覺得它是自己的弱點，你就越要去試。人類最大的成長，就是在克服了自己的負面及弱點的時候。

很多人在參加講座或研討會時，都喜歡呼朋引伴地去參加，因為這樣心情會比較輕鬆，有值得依靠的人在身旁會讓他們有安全感。

不過，想要增強自己的說話能力，越怕生的人越要獨自參加，因為，一旦參加，就會和初次見面的人坐在一起，這樣，就需要開口和陌生人說話，下定決心做出的第一次改變，將會改變你的人生。

如果被要求要發表意見，不要畏畏縮縮，你應該欣然接受。因為它所帶來的優點會比你預期的要來得多呢！

因為如果有了可能會被人要求發表意見的預期心理，至少你不可能兩手空空地來參加，這時你會事前先把資料準備好。

雖然不見得一定順利，但它至少製造了一個讓你去跨出第一步的機會，也許當場你會因為不擅言語而吃了苦頭，而且聽眾也許會有人露出不悅的神色。但無論如何，這對你自己來說，都是一種學習的機會。

初次嘗試發言的人在面對那種不耐神色時，只要當他不存在即可，因為這表示他的傾聽態度不好。只要將視線轉換到一個好

的傾聽者身上，就不會受到傷害。

　　你可以一直不斷練習，直到你完全熟悉；實踐是最好的導師，說話能力不經訓練是不會進步的。演講的訓練是培養內心強韌度的最好辦法。

　　想增進說話技巧，不安、恐懼與訓練不足所產生的壓力，以長遠的眼光來看，都是達成目標的代價。

　　雖然應該避開事前就已預測到的風險，但在事情順利地進行到一半時，可以試著勇敢向它挑戰。如此一來，你的人生之路可能就此多了一個拓寬的機會。

　　一味地留在原地煩惱，說話技巧是永遠都不會進步的，必須勇敢地挑戰。

　　沒有內容就什麼也說不出口，同樣的，沒有主題就不可能採取說話策略，如果只是徒有觀念而無實際行動，實在是太糟蹋了。

　　關於改善言談的對應方法，首先，是不要逃避代理機會。譬如說當上司要你代替他去其他公司拜會的話，那麼機會就來了，要好好現你自己最棒的一面，絕對不要浪費機會，因為機會不是隨時都存在的。

　　另外則是向自己的弱點挑戰。人類最令人驚奇的一項特性，就是將負面改變為正面的力量。越覺得它是自己的弱點，你就越要去試，當你克服了自己的負面及弱點的時候，你會發現驚人的成長幅度。

　　再來則是要向優秀者挑戰，這可不是說去找他人吵架。你可以在心裡，把你尊敬的競爭對手，以及讓你成長的敵手當作自己學習的目標，並以超越目標當作人生階段中的重要任務。

不要切斷自己的人際關係

風趣幽默又不失莊重，是一個高明的說話大師所必須注意的態度，道貌岸然的談話模樣會惹人厭煩，而過於輕浮的談話態度同樣會讓人反感。

　　有時候，我們會在某些社交場合中，看到正當大家談得興高采烈的時候，有的人卻心不在焉地站在一邊，露出僵滯的笑容胡亂點頭，一副若有所思的模樣。這種人其實正沉浸在個人的幻想世界，而不願加入眾人話局的人，其實，他們的腦海中無時無刻不在為自己的利益打量。

　　他們最關心的是自己的地位和前途，總是在腦海中盤算著如何才能更快速飛黃騰達，爬到更高的位置，獲得更多的財富，過更舒適奢華的生活。

　　這種人對別人的生活一點也不感興趣，只是礙於禮貌，虛偽地附和著別人的話語。對於週遭的事物，他們顯得冷漠淡然，彷彿置身於社會生活之外，因為他們的心靈飄泊在某個遙遠的地方，腦海裡塞滿了自己功成名就之後的模樣。

　　唯一可以讓他們感興趣的，只有和他們有切身利害關係的事物。當別人談論到如何快速成功致富，他們就會馬上得興趣盎然；一聽到與自己沒有關連的事情，就顯得意興闌珊。正因為這種人生活在自私自利、冷漠無情的自我幻想世界中，所以，總是像個戴著面具的人。

人必須敞開自己的胸懷，學會容納別人，才可能進到別人的世界，獲得別人的幫助。一個胸襟狹隘、自私自利的人，永遠都不能建立良好的人際關係。

如果你緊緊地封鎖了通往自己心靈的途徑，關閉了所有對外溝通和交流的渠道，那麼，你的人際關係就會被切斷，你和別人之間的談話，就只能是漫不經心的、馬馬虎虎的和機械單調的，不會帶有任何活力或感情。

我們可以見到，幾乎所有的成功者，成功的秘訣都在於他們能夠以生動有趣的語言，有效地表達自己思想。事實上，對他們而言，表達能力就是他最大的財富，只要一開口說話，財富就會源源而來。

美國總統林肯是一位熱情而又風趣的說話大師，不管在任何人面前，他都能表現得詼諧幽默，使人如沐春風。他說話的時候，會用生動有趣的小故事和笑話，使得人們徹底放鬆緊張的心情，所以，很多人在他面前都感到非常輕鬆自如，願意敞開心胸和他深入交談。

林肯之所以能成為受人歡迎的說話高手，要訣在於，他懂得藉著幽默感，增強了自己談話的感染力。

但是，並不是每個人都像林肯一樣幽默風趣，如果你缺少幽默的天賦，而又刻意想製造幽默效果，往往會適得其反，有時還會讓自己像個馬戲團小丑。

一個優秀的談話高手，說話的時候不能擺出一副嚴肅的表情，或者不苟言笑，也不要老是舉一些枯燥乏味的例子或說一堆雜亂的數據，因為，枯燥乏味的例證和統計數據，只會令人心裡覺得沉悶和厭煩。

風趣幽默又不失莊重，是一個高明的說話大師所必須注意的

態度。因為，道貌岸然的談話模樣會惹人厭煩，而過於輕浮的談話態度同樣會讓人反感。

因此，要想成為一個優秀的談話大師，態度必須自然而不造作，風趣而不輕浮，既不惺惺作態，也不故意賣弄自己的才華。

你必須感覺到自己充滿樂於與人交往的熱誠，找出別人感興趣的話題，如此才能打動對方的內心，牢牢地抓住他們的注意力。如果你表現出一副冷漠、拒人於千里之外的模樣，根本無法獲得別人的共鳴。

想要使交談的對象靠近你，就必須開啟自己的心靈，並且以最自然的說話方式和對方交流。你必須先敞開心扉，別人才會以相同的態度回應，如此一來，你才能進入他的內心世界。

無論你擁有多高的天賦，受過多高深的教育，穿著多麼光鮮亮麗，擁有多龐大的財產，如果無法用優美而恰當的語言來表達自己的思想，你的人生注定乏善可陳。

表現突出就會受人歡迎

不做好自己本分的事，只是一味地希望自己能夠
處處受人歡迎，而一天到晚都在思考交際的方
法，這麼做實在是本末倒置。

　　有些人本性善良，卻由於不擅將自己的心意傳達給對方，因
此常常吃虧。這些人為什麼不擅於表達心意呢？

　　這是因為當他們在說話、做事的時候，常常太過在意別人的
想法，最後什麼話都不敢說、什麼事都不敢做，因而被人批評是
個「神秘」的人。

　　大家都害怕萬一做了不該做的事，別人會投以異樣眼光，因
而在憂讒畏譏之下，阻礙了一個人自由的情緒表現。

　　「如果別人認為我不好，那就像世界末日了。」「被別人放
棄了，我一個人就沒辦法活。」會有這種想法的人，都是不擅交
際的人，他們往往會無可救藥地認為自己十分渺小、不起眼。

　　因此，這樣的人如果想要巧妙地透過說話的藝術和人交往，
就要自己想辦法從恐懼的陰影中走出來。

　　方法很簡單，只要你能改變自己的想法，看清事實。

　　你應該進行心理建設，要告訴自己：即使像耶穌基督或佛陀
這樣偉大的人，也不見得能受到每個人的喜愛。

　　大家都希望能被人喜愛、工作有好的發展，也想要賺很多的
錢，以免被人瞧不起，但要記住，不可以太過偏執，因為我們並

不是只為了受人喜愛而活在這世界上的，而是為了創造一些成就而活。

在工作上，最棒的事就是受人肯定了。因此，即使只有少數人喜歡你，但只要工作上表現突出，一定會有人主動接近你的。

相反的，無論你的交際手腕再怎麼好，話說得再漂亮，若工作方面表現得很差，別人就只會把你當作閒聊的對象而已。

不做好自己本分的事，只是一味地希望自己能夠處處受人歡迎，而一天到晚都在思考交際的方法，這麼做實在是本末倒置。

A先生和B先生都是業務員，但是由於和顧客交談之時，運用肢體語言的巧妙不同，業績也有明顯差別。

A先生在對方一開始說話或問問題時，都會努力去理解對方，表現出自己的誠意，而且會適時地點頭。

但在重要關頭時，他會收起笑嘻嘻的表情，以認真的眼神凝視對方，將熱情與表情表現在肢體上，譬如時而探出身子、時而加強語氣地來讓對方更了解他的商品，然後再度恢復原來和顏悅色的樣子。

另一方面，B先生則是面無表情地說著話。他認為不展露內心世界，對於談生意會比較有利，所以當對方在說話或問問題時，他都保持著一張撲克牌臉，而且也不會點頭表示理解對方的意思。

在該發揮說服力的時候，他一樣沒有加強語氣、也沒有探出身子，客戶不能了解他在想什麼，也懷疑他是不是真的來賣商品的。

這兩位業務員，哪一位的業績會比較好呢？

相信不用說你也知道，答案當然是A先生。

這個例子說明了表情與反應的不同，會造成兩極化的結果。

A先生的表情與態度非常豐富，他的和藹與認真的眼神、誠

懇的態度、熱情的語調等,充滿了交談之時應有的變化,而且他會巧妙地贊同對方的話,迅速地反應,以此來打動對方的心。

所以,想要給人信賴感,都必須將你的想法、行動的模式明朗化。

對於不表現出真心的人,我們都會感到不安。

你會花錢向你感到不安的人買東西嗎?應該不會吧!

很多人買東西,其實是在買「感覺」或者是「人情」,而且通常向那種能給你信賴感的人買。沒表情、沒反應,都會帶給對方不安的感覺,很難完成交易,這一點請不要忘記喔。

別落入「好話」的陷阱裡

對你好的人不一定是好人，同樣的，說你好話的人，也不一定是真心地讚美你，因為好話的背後，或許還隱藏著一些你不知道的動機。

英國作家喬叟曾經寫道：「如果你能夠把諂媚的花言巧語讓人聽起來變成坦率懇切的苦口良言，那麼你就離成功不遠了。」

其實，人生最艱難的事，並非是「做人」，也不是「做事」，而是你是否具備做人做事的行事謀略，以及如何識破別人虛假謊言。

在現代社會中，巧言令色的人可說是越來越多，令人防不勝防。如果要避免落入陷阱的話，首先就必須從分辨「好話」開始做起。

有一隻飢餓的獅子正在四處找尋獵物，找了許久，終於看見遠處有一頭公牛正悠哉地在草原上吃草。

獅子饞涎欲滴地看著公牛，口水都快流下來了！

獅子原本想立刻撲上前去，但是牠一看到公牛頭上的兩隻角，便停了下來，心想：「這兩隻角要是對著我撞過來，我一定會被刺死的。要是這隻公牛沒有角就好了，那麼我就可以毫無顧忌的把牠吃掉。」

不過，獅子還是不想放棄這頭公牛，於是牠想了一個方法。

獅子故作輕鬆地走到公牛身邊，用友善的語氣對公牛說：「我真羨慕你的外表，不論是頭還是腿，簡直完美極了！」

公牛聽了獅子的稱讚非常高興，原來的戒心立刻少掉一大半。

這時，獅子假惺惺地嘆了一口氣，說：「雖然你的一切都很完美，只可惜還是有一個缺點。」

公牛急著問獅子：「我的缺點在哪裡？」

獅子說：「就是你頭上的兩隻角啊，你不覺得它們太礙眼了嗎？」

公牛聽完獅子的話，也開始認為自己頭上的角不好看，於是立刻對著大石頭把自己的兩隻角撞碎。

這個時候，公牛轉過來對獅子說：「現在這樣應該好看多了吧？」

獅子微笑地點了點頭，便立刻撲上去咬斷了公牛的喉嚨。

對你好的人不一定是好人，同樣的，說你好話的人，也不一定是真心地讚美你，因為好話的背後，或許還隱藏著一些你不知道的動機。

當然，如果時時刻刻提防周遭的人，對自己的人際關係也會產生不良的影響。因此，最好的應對方法，就是訓練自己在聽到好話的時候，高興之餘，也能一面冷靜地思考其中的真實性。

如此一來，不但不容易落入別人的圈套，也能盡情地享受別人的讚美。

別急於突顯自己

用溫柔的言詞對待你身邊的人，用心的做好你手邊的事，如此一來要讓別人都不注意到你也是很難的事。

保持洽當的應對進退，有時候也是說話辦事之時應該注意的社交禮儀。不管在日常生活或是工作場合，千萬不要只想到突顯自己而不考慮別人，這是維持良好人際關係最重要的準則。

只要我們的行為得體，我們就能讓別人喜歡我們。

有的人擅於突顯自己讓別人印象深刻，有的則不太擅長。

或許有人每年都會寄賀卡給你，但你卻無法確定他到底是哪一位。雖然從字裡行間，可以看出你應該曾經和對方很熟悉，但是，卻怎樣也回想不起他是誰、有什麼特色，也不好意思回信詢問他是誰，只好直接回寄一張賀卡，感謝他的問候和祝福。

有的人雖然久久才會寄一次賀卡給你，但他在你的記憶裡，卻如同昨日一般鮮明。如果有工作要託付，你腦中閃過的第一人選就是他。

每個人都會有想突顯自己讓別人印象深刻的慾望，但表現的方法卻各有不同，你用對方法了嗎？你是不擅突顯自己的人嗎？

不擅於突顯自己的人，大致可分為以下類型：

第一種人是不會設身處地替他人著想，總以自我為中心的人。

他們可能會攔住急忙前往另一處的人，不管對方的時間是否

許可，就拼命地說著自己的事；或是一廂情願地認為對方絕對是記得自己的，就興高采烈的向對方報告自己的近況……等等。

　　也許他們的態度表面上是和善，但這樣的人，是不會讓人留下好印象。

　　第二種人是強迫型的。他們總是不顧他人想法，拼命地想表現自己。例如，在集體面試時，自己只是一個勁兒的說話，完全不給其他人發言的機會，完全沒有警覺到這是一種強迫性的態度，根本稱不上是積極或是主動。

　　這種人其實大多是因為他們的不安全感，讓他們以為如果表現得不比人更顯眼，就無法生存下去。

　　你如果有「雖然被人家認同是再好也不過了，但不被認同，並不代表前途就此暗淡無光」、「不能因為不被他們認同，就認定自己不被全世界的人認同」的想法話，就不會以強迫性的態度去突顯自己。

　　第三種類型是先發制人的人，他們會將競爭心理帶到職場或社交場合上，因而很容易引發夥伴的嫉妒心。

　　多數的上司會對於言談之間崇拜自己的部屬或後進，有特別寵愛的傾向，這是由於每個人多少都有些自戀成分，因此倘若部屬或後進以此佈下戰略，便容易讓他們上勾，贏得他們的偏愛。

　　由以上所舉的三種典型可知，在這世上充滿那種寧可帶給別人不愉快、也要突顯自己的人。要如何才能避免讓自己成為這種人呢？

　　首先是，說話之時要考量到別人的心情，有為他人服務的精神。比如說，當同事因為小孩要準備考試而操心，你可以將自己小孩推薦的優良參考書送他；聽聞晚輩的妻子生病了，你可以介紹醫院給他，表示你的關心。

不過，要這樣做之前，你自己本身的問題必須先得到解決。如果自己的問題都沒解決，就一味地服務他人，可能就會被批評為多管閒事了。

再者則是為了自己所屬的團體，去發掘每個可能發生的問題，並且透過言詞提出可行的解決方法。例如，要舉辦尾牙時，你就可以表現出你的細心：「從公司帶一瓶酒過去怎麼樣？」「可以叫某某人一起來呀！」等等，為了讓你所屬的團體感覺是融洽的，你必須要感覺敏銳，並且盡可能地照顧到每個人。

接下來，是要在說話之時適度地撒點嬌。

所謂適度，就是至少不要給人感覺太厚臉皮。

譬如，你可以說：「可不可教教我那個？」「我離開一下，如果有電話，幫我接一下好不好？」

這樣受託的人會因為認為自己受到信賴，被上司或前輩認可而感到開心，更樂於辦好你交代的事。一般而言，善於突顯自己的人，也是善於撒嬌的人。

最後就是在自己可以容許的範圍內，扛下別人討厭的工作。像是假日上班、開車接送、打掃、收拾爛攤子、處理客戶申訴案件……等等。

當然，這世上還是有人會完全不想突顯自己，寧願做個沒沒無聞的平凡人。千萬不要因為這樣就認為自己是低層次的人，因為比起什麼事都不想努力去做，而只想被人家認同、只想突顯自己的懶惰蟲，你絕對要比他們高出許多。

總之，千萬別急著突顯自己，而是用溫柔的言詞對待你身邊的人，用心做好你手邊的事，如此一來要讓別人都不注意到你，也是很難的事。而強迫別人的眼睛看著你，只會讓你幼稚又無能的形象，深刻的烙印在人們的心中。

如何讓自己的「語言」動聽？

與人談話的時候，臉上最好帶一抹微笑，因為微笑是人與人之間溝通的橋樑。萬一真的笑不出來的時候，只要以誠摯的態度交談就行。

平時，我們與人交談、交往的時候，大都希望自己能在對方心目中留下一個良好的印象，因此，莫不講究語言方面的技巧和修辭。

語言的技巧，著重在「巧」字上。掌握了一定的語言技巧，對於日常的交際活動肯定大有助益，但是光講究技巧，本身卻欠缺美感就會充滿匠氣，反而俗不可耐。

要使對方與你交談之後心情舒暢愉快，除了注意舌頭的說話技巧外，還得給人優雅的視覺形象，給人悅耳的聽覺形象。

俗話說：「佛要金裝，人要衣裝」，說明了得體的打扮能使對方留下賞心悅目的印象。服飾的搭配要與交談的場景、氛圍相和諧，穿著打扮則必須符合本人的年齡、職業和性格。

另外，與人交談、接洽事情時，還應該注意交談的姿態，即使是在非正式場合，也不能忽視自己的舉止風度。

請記住，站有站相，坐有坐相，千萬不要表現出一副懶散的模樣。

再者，要懂得尊重交談對象，不要在交談時蠻不在乎地翹腳搖腿，或擺出一副好像很了不起的架式，那是一種很沒有修養的

表現。

精神面貌也是視覺形象的一個重點。面色灰暗的人應當適度補妝，上了夜班，眼圈發黑的人應該睡一覺以後再與人交談。試想，誰願意和一個無精打采、說話總是哈欠不斷的人交談？

與人談話的時候，臉上最好帶一抹微笑，因為微笑是人與人之間溝通的橋樑。但是，萬一真的笑不出來的時候，也不必費心強裝笑臉，只要以誠摯的態度交談就行。說話的時候，切記不要舉止輕佻、面部表情誇張、說得口沫橫飛，這些醜態都會令人反感，但是，過分的拘謹也沒有必要。

大家都曉得，若要語言動聽，讓聽者產生愉快的感覺，就要把握抑揚頓挫，注意氣氛，適度把對方當成談話的中心，使對方在心理上獲得被尊重或寵愛的感覺。對方明白自己在他人心目中的位置，當然心花怒放。

因此，語言要說得動聽，要使對方感動，應該時時把對方放在談話的主角位置。即使對方出了差錯，萬不得已必須批評對方之時，也仍然要把對方放在主要位置上，不要牽址其他人事物。

如此一來，對方會覺得人格受到尊重，即使你沒有嚴厲地批評他，他自己也會深刻地反省，把以後的工作做得更好。

11.

試著把話說得更好聽

掌握說話的藝術，不代表你只能說好聽的話，

而是要學習如何把話說得更好聽一點，

每個人都喜歡聽好話，

只要誠實無害，何樂而不為呢？

你能徹底保守秘密嗎？

羅斯福以子之矛攻子之盾，一句話巧妙地堵住了
朋友的探詢，在滿足朋友的好奇心和堅守自己的
分際之間，他選擇了盡職地保守秘密。

　　身處競爭劇烈的社會，當我們知道某些業務上機密的時候，
無可避免地就會遇上四處湧現的人情壓力，要求我們透露這些重
要訊息。

　　許多政府部門的公務員或企業管理階層，都有這方面的困擾，
既不能說出自己必須保守的機密，又不能傷害彼此的友誼，更不
能直言拒絕而得罪某些掌握自己升遷大權的人，因此陷入左右為
難的困局。

　　如果我們想要讓對方了解自己不能洩密的立場，那麼，就必
須透過發自內心的言語，並且用高明的談話技巧，來使對方感同
身受。

　　人是一種喜歡「偷窺」的動物，特別喜歡打探秘密，喜歡享
受那種「只有我知道」的獨一無二的感覺，彷彿因為自己極為特
別，才有權得知這個秘密。

　　人，喜歡自己是特別的、受人尊重的。

　　但人也是矛盾的動物，因為，他們一方面想保有自己的秘密，
不讓別人知道，另一方面卻想運用各種方法，去探知別人的秘密。

　　遇到這種情形，你應該如何透過談話策略因應呢？

　　美國羅斯福總統在擔任海軍助理部長時，有一天，一位好友突然來訪。兩人閒聊了一會，朋友竟然問起，海軍在加勒比海的某個島上建立基地的事。

　　「我只要你告訴我，」羅斯福的朋友說：「我所聽到的那個有關基地的傳聞是否確有其事。」

　　羅斯福一聽楞了一下，朋友所要打聽的事，在當時是不便公開的；好朋友出言相求，直接拒絕並不是最好的方法，但是羅斯福職責所在，不能輕易洩漏國家機密，所以，不拒絕也不是，那麼到底該如何是好呢？

　　羅斯福陷入了進退兩難的局面。

　　雙方沉默了一陣子，羅斯福抬頭望了望四周，然後壓低嗓子向朋友問道：「你能保證你會保密，不張揚出去嗎？」

　　「能。」好友面露興奮的表情，急切地回答。

　　「那麼，」羅斯福微笑著說：「我也能。」

　　就這樣，羅斯福總統以簡單扼要的言詞，婉轉表達自己的立場，拒絕了這位朋友想打聽國防機密的要求。

　　知道太多秘密，其實對自己並沒什麼好處。

　　怎麼說呢？因為，一旦知道了某些特殊的秘密，特別是不得公開的秘密，就面臨了要保守秘密的壓力；明明自己知道得一清二楚，卻一個字也不准說出來的感覺，其實是挺難受的。

　　如果，還有人整天挨在身邊，磨著你要把秘密說出來，那更是一大煎熬，因為忍著不說相當難受，遇著了關鍵字，還得千方百計地瞞過去，害怕洩露了蛛絲馬跡；萬一，要是不小心說露了嘴，又不知會惹來什麼樣的麻煩，你說如何不煎熬？

　　朋友間講求肝膽相照，本來應該知無不言，言無不盡，但是，有些機密事情攸關個人和團體利益和安危，不能說就是不能說，一定要堅持原則。

　　反過來說，如果真的是好朋友，就不該不體諒對方的處境，而執意要人說出秘密，讓人左右為難。

　　羅斯福以子之矛攻子之盾，一句話巧妙地堵住了朋友的探詢，在滿足朋友的好奇心和堅守自己的分際之間，他選擇了盡職地保守秘密。如果，他的朋友能夠理解他的立場，相信一定也能諒解他所做的決定。

訓練幽默感的五大重點

笑容會讓人開心，即使你自己很沮喪，只要試著
露出笑容，心情就會開朗起來，這是幽默的最基
本條件。

很多不善言詞的人一聽到幽默的話語，心裡不禁會想：「如果我也能講出那麼好笑的話就好了！」

所以，就有許多本來沒什麼幽默感的人，為了讓聆聽者發笑，故作幽默地說一些低級無趣的葷笑話，或是讓別人笑不出來的冷笑話，有時候反而會惹來大家的不悅，或是破壞了當時的氣氛。

其實，真正的幽默感，是自然地醞釀出來的東西，唯有自然流露的幽默感，才有可能讓聆聽者的心靈緩和下來，彼此充分溝通。所以，想要言談幽默，首先就先期許自己做個幽默的人吧！

那麼怎樣才能成為一個幽默的人呢？

具體來說，大略可分為以下五種方法：

1. 將自己心中的「完美主義」趕出去。

對凡事都要求完美的人，不太可能具有幽默感的。因為如果沒有一定程度的包容，幽默感是不會產生的。

人生難免有失敗，失敗有時會讓人生更精采，如果你自己都無法認同失敗的存在，就無法成為具幽默感的人了。

2.凡事要有開朗樂觀的想法。

人類有的樂觀、有的悲觀，如果你是屬於悲觀的人，不妨想想，悲觀幾乎不會改變事實。如此一來，還有什麼好悲觀的呢？

人要擁有樂觀的想法，想法樂觀的人會比較開朗，也比較有彈性，也已經具備了醞釀出幽默感的特質了。

3.不要將失敗的經驗累積在心中。

每個人在做一件事時，一定都希望成功，可是難免還是有失敗的情況。一般人不可能期盼失敗降臨，然後將那些失敗的經驗放在心中，再去跟人家分享的。可是，從逆向思考的角度而言，你將你的失敗經驗告訴別人，如果不是什麼太嚴重的失敗，他們絕對會開懷大笑的。

因為，我們都喜歡別人的失敗經驗，但是自己經歷了一模一樣的失敗，卻無法主動開口。因此，這些失敗的經驗如果由你自己說出來，別人就會覺得你是個懂得自我解嘲，有幽默感的人。

4.消滅負面的妄想情結。

如果不加以約束，大多數人的心裡會慢慢浮現妄想的情結。這種妄想並不會帶來任何利益，只會讓心情更灰暗，這樣就不會產生出幽默感了。一旦你產生了妄想，不妨提醒自己去消滅它。

5.表情很重要，不要忘記笑容。

笑容會讓人開心，即使你自己很沮喪，只要試著露出笑容，心情就會逐漸開朗起來，心情開朗是幽默的最基本條件，所以不要忘記要隨時保持笑容。

　　無意間說出的一句話，可能會讓你的人生變好或變壞，短短的一句話，也會讓一個人幸或不幸。你在和人說話時，是否都曾意識到每句話的重要性呢？

　　就因為不是每個人都經得起開玩笑，所以，想要成為一個幽默的人，不要開別人玩笑，而應該試著對自己開點玩笑。

　　像是故意提到自己的弱點或自卑的地方，說一些誇張的話或俏皮的話，時而說出帶點諷刺的話……等等。

　　你可以經常找機會練習，想要說出具有幽默感的話，你自己就必須先成為具幽默感的人才行喔！

如何向上司表達自己的意見

上司也是人，每個人都想要對方認同自己，所以即使他做了錯誤的判斷，也要表示認同他的人格及立場。

思想家賀拉斯說：「懷著輕蔑對方的心理，就會使你的話語充滿怒氣，不僅會傷害別人，也會傷害自己。」

試想，如果說話不分對象，對待什麼人都用充滿蔑視或憤怒方式，那麼勢必會為自己招來禍端，也無法和別人好好地溝通。

就算這樣的人有著滿腹經綸，最後也會遭到上司冷凍或是解僱，最後淪為只會成天發牢騷的社會邊緣人。

如何對上司表達自己的意見、卻不會讓上司沒面子的方法是很重要的。

相信很多人都會有過在無意間頂撞上司、讓上司惱羞成怒的經驗吧！

當上司對你說：「已經好幾天了，你也該做出個結論了吧？」

如果這時你卻回答：「這怎麼可能辦得到嘛！你看一下我們目前的現狀，應該馬上就知道不可能啊。」

也許當時的你還不夠圓融，所以才會依自己的情緒，說出完全不為對方著想的話。試想，此時的上司會有怎樣的心情呢？

部屬的口氣如此無禮，對上司而言可是一大屈辱，因此他們會運用自己職務上的權力去暗整你，甚至還會威脅你，並且可能

在往後的日子裡，也會用盡各種方法來挑你毛病，對你施壓。

像這種對待上司，並不會得到自己想像中的效果，反而會激怒上司，招致和自己預期完全相反的結果。

那麼怎麼說才能提高效果呢？

其實，上司也是人，每個人都想要對方認同自己，所以即使他做了錯誤的判斷，也要表示認同他的人格及立場，這是最基本的態度，而且要以請對方聆聽自己想法的心情來應對才是。

你可以這麼說：「聽了課長的意見，我覺得很新鮮，原來還有那種想法。可是，關於那個案子，我是這麼想的……。您覺得如何呢？我很想聽聽課長的意見。」

這樣的說話方式，就不會讓上司覺得毫無面子，而且還能使他委婉地提出不同的想法和參考意見。

如果上司不容易流於情緒化，會冷靜地聆聽他人的意見，便能反省自己的言行和決策是否有錯誤。

如果這時的你能再來尋求他的建議時，就能讓上司更明顯地察覺到自己的錯誤，並得到修正與改善。

小心脫口而出的話

凡事要謹言慎行，因為你所說的每一句話，絕對
比你想像中的還要具有威力，甚至可以是致命的
殺傷力。

美國有句諺語說：「喜歡到處和人打架的狗，通常會跛著腳回家。」

這句話提醒我們，喜歡和別人爭執的人，自以為是兇猛的獅子，其實只不過是隻小狗，通常都不會有什麼好下場。

人不會因為話說得太少而後悔，卻常常因為說得太多而後悔。因為，就算修養再好的人，一旦打開話匣子，也難免會說些自欺欺人和誇大不實的話語。

此外，當你心中有著怒火，說話的時候，總是有一些火星會冒出口中。結果就像斯溫伯恩所說的：「人們在尖刻的言語之中摘不到果子，在他們搖動大樹根部時，得到的是扎人的刺。」

有位哲人曾告誡我們，有四件事是一去不回的：一是說出口的話，二是已經射出的箭，三是過去的事，四是錯過的機會。

因此，不管談話之時情緒再怎麼惡劣，都要控制自己的舌頭，千萬別脫口說出讓自己後悔莫及的話語。

有個人向穆罕默德傾吐心中的悲傷和挫折，他因為對朋友口出惡言而深感自責，也對自己在非理智的情況下，脫口而出的話

深感不安。所以,他想請教先知,怎麼做才能彌補自己的過錯。

這時,穆罕默德帶他繞了小鎮一圈,並要他趁晚上在每一戶人家的門前放了一根羽毛。隨後,穆罕默德也要求他第二天早上必須把羽毛一一收回,完成這項工作之後再把結果告訴他。

第二天,這個人滿臉愁容地來找穆罕默德。

「穆罕默德先生,」他哭喪著臉說:「昨天晚上我照你的話完成了任務,可是,今天早上我準備收回羽毛的時候,卻連一根都找不到了。」

「是的,你說過的話不也是如此?」穆罕默德解釋:「一出口後,它們就飛走了,再也收不回來了。」

史坦納曾經勸告我們說:「未經思考就脫口而出的話,往往會成為我們人生路上的絆腳石。」

「多說多錯,少說少錯」,這是我們最常被訓示的一句話,回想一下,你是不是常常後悔說過的話呢?

言多必失是事實,所以,凡事要謹言慎行,因為你所說的每一句話,絕對比你想像中的還要具有威力,甚至可以是致命的殺傷力。

試著把話說得更好聽

掌握說話的藝術，不代表你只能說好聽的話，而是要學習如何把話說得更好聽一點，每個人都喜歡聽好話，只要誠實無害，何樂而不為呢？

諷刺作家斯威夫特曾說：「歷史上的那些偉人都擁有兩個與眾不同的器官，那就是一張始終不露聲色的臉孔和一個永不守信用的舌頭。」

的確，見人說人話，見鬼說鬼話，是所有成功的大人物都具備的一項特異功能，因為，如果他們沒有一個能夠見風轉舵的舌頭，又如何能讓別人跟傻瓜一樣為他們心甘情願賣命呢？

其實，「見人說人話，見鬼說鬼話」不見得不好，只要不是存心騙人，運用在日常生活中，這種見風轉舵的說話方式，正是我們趨吉避凶的自保方法。

有個國王在夜裡作夢，夢見他的頭髮全部掉光了，醒來後心急如焚，連忙請來一位解夢大師，問問這個夢境的意思。

這名解夢大師聲名遠播，無人不曉，據說非常靈驗。大師聽了國王的夢境後，嘆了口氣說：「國王陛下，這個夢說明了您的親人將會遭到不測，如同頭髮掉落一般，實在是不幸啊！」

國王聽了勃然大怒，情緒失控地拍著桌子說：「來人啊！把這個胡說八道的傢伙給我拖出去斬了！」

話雖如此，國王還是感到不放心，立刻又召來了另一位解夢專家，請他說明這個夢境的意義。

聽了國王的敘述之後，解夢專家展開了笑容，向國王深深一鞠躬說：「恭喜國王，賀喜國王，這個夢顯示您將會活得比您所有的親人還久。」

國王聽了，總算放下了心裡那塊七上八下的大石頭，趕緊命侍衛帶領解夢專家至庫房領取賞金。

途中，侍衛大惑不解地問：「在我聽來，你們兩個解夢大師的解釋並沒有什麼不同啊！為什麼國王卻一會兒生氣，一會兒又如此高興呢？」

解夢專家氣定神閒地笑著說：「同樣的意思，他說的是國王不喜歡的那部份，而我說的則是國王想聽到的話。」

表達的意思相同，但是只要表達的方式不同，結果也就大不相同。

直言相諫的忠臣，通常也死得最快，反倒是口蜜腹劍的小人，在歷史上層出不窮，廣受君主的重用。

忠言逆耳，古有明鑑，世人都喜歡聽好聽的話，不喜歡刺耳的話，那麼又何必硬要朝他人的痛處踩下去呢？

掌握說話的藝術，不代表你只能說好聽的話，而是要學習如何把話說得更好聽一點，每個人都喜歡聽好話，只要誠實無害，何樂而不為呢？

不要被別人的情緒牽著走

片刻的惱怒往往使人瘋狂，這時若是你讓情緒控制了自己，那麼，你就失去掌控全局的主導權。

　　一對父子搭火車出外旅遊，途中有位查票員來驗票，情急之下，父親到處找不到車票，使得查票員口出惡言，怒目相向。

　　事後，兒子問父親，「剛才為什麼不還以顏色呢？」

　　父親笑著回答：「如果，這個人可以忍受他自己的壞脾氣一輩子，我為什麼不能忍受他幾分鐘呢？」

　　是的，面對別人惡言相向，我們應該理性地控制自己的情緒。

　　古羅馬思想家塞內卡曾經說：「如果一方退出，那麼爭吵就會很快停止，沒有雙方參加就不會有戰爭。」

　　的確，談話之時永遠應當是溫和善意的，而不應該像刀劍一樣直來直往，使自己陷入無可退避的窘境。

　　待人處事之時，我們都應該注意，會傷害別人的話儘量少說，談話的時候，並不是什麼話都可以脫口說出。

　　有一位著名的偶像男歌星，以渾厚低沉的嗓聲和英俊瀟灑的外貌風靡一時，令許多海內外的歌迷都十分為他傾倒。

　　有一回，偶像歌星到外地演唱三天，每天早上，他都會接到飯店服務生送來的鮮花，這些鮮花、禮物、卡片對偶像歌星來說已是習以為常，除了無比的感激之外，他並不以為意。

　　沒想到演唱會結束的隔天，當他在餐廳用完早餐準備到櫃台辦理一些手續時，迎面突然來了一個面紅耳赤的男人，握緊雙拳對他大喊：「你是什麼東西？居然搶別人的老婆……」

　　男人說了一連串不堪入耳的粗話，大廳裡的賓客冷眼旁觀、議論紛紛。偶像歌星則感到莫名其妙，心想追求自己的女人不計其數，他有必要去勾引別人的老婆嗎？

　　偶像歌星等待男人冷靜下來，一問之下才發現，原來這個男人的妻子，就是每天早上送一大束玫瑰給他的女歌迷。

　　這名粗魯的男人罵上了癮，不但越說越激動，還動手拉扯偶像歌星的衣袖，在大庭廣眾下糾纏不休。飯店警衛看到這種情況，急忙趕了過來，試圖將這個鬧事的男人拉開，但是卻被歌星伸手制止了。

　　接著，歌星微笑著對這個怒氣沖沖的男人說：「這樣好了，我們先靜下心來，上樓到房間裡聊聊吧。」

　　「去就去，我還怕你不成！」男人氣呼呼地回答。

　　兩人進到了偶像歌星的房間，房門一打開，房間裡竟然四處擺滿了鮮花，連廁所的角落都不放過。

　　這時，偶像歌星無奈的聳聳肩，慢慢對這位男子說道：「你說吧，哪一束是你老婆送的？我還給你。」

　　科爾頓有句名言：「我們憎恨那些人，是因為我們不認識他們；而我們永遠也不會認識他們，因為我們憎恨他們。」

　　片刻的惱怒往往使人陷入瘋狂的狀態，這時若是你讓情緒控

制了自己，那麼，你就失去掌控全局的主導權。

　　大聲的人未必有理，發怒對事情也沒有什麼幫助。不要被別人的情緒牽著走，否則你只會步上他們的後塵；不管遭受到多麼不合理的待遇，能夠控制自己情緒的人，才有道理可言。

　　世間的是非只為多開口，煩惱皆因強出頭，充滿自信的人因為能控制自己的情緒，忍耐一時的衝動，因此人生旅程比暴躁易怒的人少了許多狂風暴雨。

懂得羨慕也是一種美德

> 懂得羨慕別人是一種美德，因為有比較才會更進取，壓抑自己的羨慕，最後只會演變成忌妒，讓你狗嘴裡吐不出象牙。

如果你沒有一點特別的長處，人家根本不會嫉妒你，更不屑去浪費口水批評你、嘲諷你。因此，情願做個有資格讓人冷嘲熱諷的人，也好過終其一生，只能在台下奚落別人！

哥倫布是十五世紀著名的航海家，經歷了千辛萬苦，皇天不負苦心人，他終於發現了美洲新大陸。

對於這個劃時代的偉大發現，人們給予哥倫布很高的評價及榮譽，但是，「人怕出名豬怕肥」，同樣的，也有其他的人士對此表示不以為然，並且時常當眾批評他只不過是運氣好罷了。

這些人的言談像是一根根藏在棉花裡的針，經常「不經意」地流露出諷刺，隨時都有可能把他刺傷。

有一次，哥倫布邀請朋友來家裡作客，茶餘飯後，大家不禁又提起了哥倫布航海的經歷，然而，當中有些人語帶嘲諷、笑裡藏刀，似乎對這樣的奚落樂此不疲。不過，哥倫布聽了卻一點兒也不生氣，完全不試圖替自己辯護，只是起身從廚房裡拿出一顆雞蛋，然後對著大家說：「你們有誰能把這個雞蛋豎起來呢？」

大夥兒輪番上陣，想盡各種方法，結果卻一一失敗，於是質

問：「雞蛋表面是圓滑的，怎麼可能豎得起來呢？」

「看我的吧！」哥倫布微笑地說著，然後輕輕地把雞蛋的其中一頭敲破，雞蛋自然就豎起來了。

「你把雞蛋敲破了，當然能豎起來呀！」有人不服氣地抗議。

「是呀！現在你們看到我用這個方法把雞蛋豎起來，才知道其實方法很簡單，根本沒有什麼了不起，但是，為什麼在我之前，你們當中卻沒有一個人想得到這個簡單辦法呢？」

樹大招風，所謂「譽之所在謗亦隨之」，說明了人總是見不得別人好，這就是人類與生俱來的天性。只不過，人往往口是心非，明明眼睛紅得像隻兔子，表面上卻還言不由衷口口聲聲地說「恭喜恭喜」。

假裝的大方不叫「風度」，而是「虛偽」，那種會在背後捅你一刀的，往往就是這種奸詐小人。

其實，懂得羨慕別人是一種美德，因為有比較才會更進取，壓抑自己的羨慕，最後只會演變成嫉妒，讓你狗嘴裡吐不出象牙，還會變成一顆酸溜溜的發霉檸檬。因此，羨慕別人的時候，就大大方方表達出來，相對的，面對別人的嫉妒，就把他們的冷嘲熱諷當作是一種恭維吧！

別讓長篇大論突顯自己的愚蠢

西方的社交禮節中，有一條這樣的規範：「寧願少說話隱藏自己的愚蠢，也不要多開口來證實你真的愚蠢。」

英國作家斯威夫特說：「在交談當中，有的人用些陳腔濫調折磨著每一個賓客，不讓自己的舌頭休息片刻，卻自以為是學識淵博。」

說話的時候口若懸河，或是辯理無懈可擊的人，並非總是思想正確無誤的，也不一定就會大受歡迎。

很多人講話的時候喜歡長篇大論，自以為如此一來，別人就會認為自己很了不起，卻不知道這樣的行為，只會導致別人的反感。

畢竟，在這個講求效率與速度的現代社會中，沒有人喜歡把時間浪費在冗長又毫無意義的談話裡。

有一個美國人到日本演講，請了一位日本人做他的即席翻譯。

當這個美國人開始演講的時候，他為了測試那位日本翻譯的程度，便一口氣講了十五分鐘的話，然後才停下來請日本人翻譯；但是沒想到，這位日本翻譯卻只講了一句話就停下來了。

美國人雖然覺得很奇怪，但是也不好意思問，而且見到台下

的聽眾反應很熱烈，於是又繼續滔滔不絕地講了十五分鐘，接著再停下來讓日本人翻譯。可是，日本人還是一句就講完了。

最後，美國人又講了十分鐘，然後便結束了他的演講，而這位日本翻譯最後也同樣以一句話輕輕帶過。

聽眾聽完了日本翻譯的話，不但全場哄堂大笑，還報以熱烈的掌聲，這一場演講就這樣圓滿地結束了。

那個美國人非常驚訝，想知道這位日本翻譯怎麼這麼厲害，於是便問台下一位會說美語的聽眾，他到底是如何翻譯的。

這位聽眾就對這個美國人說：「剛剛，那個日本翻譯第一句話說的是：『到目前為止，沒有什麼新鮮的事可聽。』第二句是：『我想，到結束之前應該都不會有什麼可聽。』第三句是說：『我說的沒錯吧！』」

這個笑話告訴我們，千萬不要以為自己所說的都是真知灼見，在別人耳中，也許只是一些了無新意的廢話。

西方的社交禮節中，有一條這樣的規範：「寧願少說話隱藏自己的愚蠢，也不要多開口來證實你真的愚蠢。」

所以，除非你真的有把握自己的話語充滿創意，能夠言之有物，否則的話，還是盡可能長話短說吧！

12

閃避迎面而來的攻擊

不動聲色地沉著應對，
看清楚對手攻來的方向，
看明白對手所持的武器，再伺機反擊。
萬一不幸避之不及，
最好先求保命！

不要吝於讚美別人

適度、真誠、委婉、合情合理的讚美是去病除疾的良藥，言過其實的讚美會令人生厭，效果適得其反。

古人說：「快刀割體傷易合，惡語傷人恨難消」，說明出言不遜的人只會自食苦果，只有處處與人爲善，嚴以責己、寬以待人，才會建立與人和睦相處的基礎。

現實生活中，有些人不討人喜歡，四處樹立敵人。這並不是大家故意和他們過意不去，而是他們與人相處時總自以爲是，對他人百般挑剔，隨意指責。

如果你想成爲一個被人喜歡的人，就必須學會衷心地讚美別人。

有句話說：「人性中最根本的願望，就是希望得到讚賞。」

一個笑容可掬，擅於發掘別人優點給予讚美的人，肯定會受別人的尊敬和喜愛，這種人自然身心健康，生活、工作都十分愜意。

在日常生活中或職場上適時地讚美他人，會讓彼此的信賴關係更穩固，也會激發出工作意願。譬如女性最喜歡別人讚美她漂亮，簡單不費功夫的一句話，可是女性最棒的活力來源。

當然，如果要請別人幫你做事，讚美對方更是不二法門，即使讚美到他害羞的地步，也絕對不是壞事。

在孩子的教育上，那就更不需懷疑了。以責備方式來教導孩子，是不會有太大效果，還不如費一點心思，找出可取之處來讚美他。比起做錯事被責備，小孩子絕對會比較喜歡被讚美的。

一旦被讚美，就能增加自信心，會產生被認同的安全感，會讓人產生一股動力，因此我們應該儘量針對他的優點讚美他。

對於攻擊性的態度，一般人都會很自然地產生敵對的心理，對於親切的態度，他們也會產生友善的反應。如果是以施壓的態度接觸小孩，不管你說話再怎麼有趣，他們也不會聽你的。

大人其實也和小孩一樣，當你發現職場上有人拚命工作而得到優異成果時，都應該不吝嗇地讚美他。

千萬不要等他離職時，才說他是難得的人材，或是一個優秀的業務精英什麼的，這樣不僅不能激勵他，也對公司毫無助益。

提到讚美，我們經常在婚禮的致詞上聽到，新郎都是優秀分子、前途無可限量，新娘都是才色兼備、勤勞持家的女性等等。雖然我們會把它當作是形式上的讚美致詞，但內心還是得十分高興。

不管如何，在儀式上我們已經習慣了充斥著瑰麗辭藻的讚賞，但在日常生活或職場上，我們都還不習慣讚美別人，因為對於讚美都會直接聯想到，它是一種恭維或者巴結，因而產生抵抗感。

礙於保守的民族性，我們不像歐美人那樣會直率地道謝、讚美別人，反而很怕別人認為自己別有居心；相對的，被讚美的人就算是事實，也會在嘴上謙虛地加以否定。

讚美至少是一種友好的態度，意味著溝通的積極表現。你不妨大方地接受對方的讚美吧！若覺得懷疑，多注意就好。

積極地讚美他人吧！它可以當作加強溝通的潤滑劑。雖然有人會覺得這樣太輕浮了，但這樣才能讓地球運轉得更順暢。

在職場上也試著利用讚美的功用吧！它和獎金不同，是不需要花錢的，而且還能得到很大的效果。

讚美必須要選擇時間與場所，否則可能讓被讚美的人產生被諷刺的錯覺。別忘了，一定要採取公開的方式，暗地讚美是毫無意義的。

適度、真誠、委婉、合情合理的讚美是去病除疾的良藥，言過其實的讚美會令人生厭，效果適得其反。

潛心去研究讚美這門學問，一定會使你的心靈充滿喜悅與幸福，讓你的工作與生活充滿陽光和希望。

千萬不要逞口舌之能

想要成為優秀的說話高手，談吐必須機智得體，
在製造風趣幽默效果的時候，千萬不要冒犯他
人，否則就會適得其反。

　　有句諺語是這樣說的：「有斧頭，砍得倒樹；有理，說得倒
人。」

　　有理能夠說服別人，大家都知道。事實上，就算無理，只要
施展一些說話的小技巧，一樣可以憑口才取得勝利。

　　在這個有能力也要懂得表達自己的時代，想要和別人進行有
效的溝通，就必須留意自己說話的技巧，用最動聽的話語，表達
自己的意思，把話說到別人的心坎裡。

　　口才好，懂得站在對方的角度，把話說得恰到好處，就能左
右逢源。相反的，若是不關心說話對象，不懂得說話的藝術，便
註定處處屈居下風。

　　人如果不關心正和自己交談的對象的話，很難成為一個受人
歡迎的說話高手。懂得說話藝術的人，有時儘管話語說得很少，
但卻能挖掘別人身上的優點，透過真摯的讚美誘導對方開口說話。

　　他們和別人交談的時候，態度非常真實熱忱，而且善解人意，
因此，在他們面前，即使是個性害羞內向的人，也能輕鬆自入地
侃侃而談。

　　他們解除了別人的心防，讓他們不再有所疑慮，使得他們能

夠敞開心胸暢所欲言。大多數的人們都認為，他們是一個風趣幽默的談話大師，因為他們能夠挖掘別人身上最優秀的內涵。

倘若你想成為一個四處受人歡迎的人，那麼，你就必須先旁敲側擊了解與你交談的對象，然後用他們最感興趣的議題來引導他們加入話局。

因為，如果你的議題不能令談話對象產生興趣，那麼，你試圖拉近彼此心理距離的努力，將會徒勞無功。

有些人能夠準確地挖掘別人身上的優點，有些人則恰好相反，總是觸及別人隱隱作痛的傷口。

善於發現別人優點的人之所以受歡迎，就在於他們會使別人忘掉不愉快的事情，而且懂得喚起別人身上所具有的特殊優點。

想要成為優秀的說話高手，談吐必須機智得體，在製造風趣幽默效果的時候，千萬不要冒犯他人，否則就會適得其反。

如果你想令別人感到自己的談吐詼諧幽默，除了鍛鍊自己的說話技巧之外，必須留意的是，千萬不能逞口舌之能戳傷別人的痛處，或者是嘲諷別人。

說話藝術是人際潤滑劑

口才代表一個人的自信心，也代表了一個人的思想、智慧，表現出一個人的人格特質，也是人際關係的潤滑劑。

《聖經》有云：「一句話說得合宜，就如金蘋果在銀網子裡。」

絕妙的說話藝術為人鑄造了一顆金蘋果，但是金蘋果會不會落在銀網子裡，還得看聽話的人是什麼材質。

說話的最大技巧，便在於先培養「銀網子」的聽話藝術。說話不只是說好話，還得說別人聽得進去的好話！

有一次，一位才思敏捷的牧師進行了一場非常精采的佈道，他說：「人類是上帝所創造最完美的作品，在座的每個人都是從天而降的天使，你我都是上帝眷顧的寶貝。因此，活在這個世上，大家要肯定自我的價值，善用上帝給予的獨特恩賜，去發揮自己最大的力量。」

聽眾當中有人不服牧師的說法，他站起身來，指著自己不滿意的塌鼻子，質問牧師說：「牧師先生，如果真像你所說的，人是從天而降的完美天使，請問我的鼻子為什麼麼會這麼塌呢？」

另一位嫌自己腿短的女孩也起身表示相同的意見，她認為自己的短腿應該不是上帝完美的創造，又何來天使之說呢？

　　台下議論紛紛，只見牧師神態自若地回答：「上帝的創造是完美的，而你們兩人也絕對是從天而降的天使，只不過⋯⋯」

　　隨即，他指了指那名塌鼻子的聽眾，對他說道：「你在降落到地上時，讓鼻子先著地罷了！」

　　接著，牧師又指一指那位嫌自己腿太短的女孩：「至於妳，雖然是用腳著地，可是卻在從天而降的過程中，忘了打開降落傘。」

　　英國思想家培根曾經說過：「用適當的話語和別人進行交談，遠比言詞優美、條理井然更為重要。」

　　口才代表一個人的自信心，也代表了一個人的思想、智慧，表現出一個人的人格特質，更是人際關係的潤滑劑，藉由三言兩語，你可以實現自我，也可以把它轉為解決問題的工具。

　　再精深再博大的學問，都不如說話的藝術來得有用！

　　口才好，進而揚眉吐氣，你的人生是彩色的；口才不好，人微言輕，就會活得忍氣吞聲，人生只是黑白。

　　說話是種藝術，我們總覺得自己做得還不夠好、不夠精練、不夠傳神，但正因為它是一門藝術，它永遠都有可以改進之處。

閃避迎面而來的攻擊

不動聲色地沉著應對，看清楚對手攻來的方向，
看明白對手所持的武器，再伺機反擊。萬一不幸
避之不及，最好先求保命！

批評，其實是一種進步的動力，唯有透過別人的眼睛，才能
檢視出自己的盲點，然後修正錯誤，重新整裝出發。

不可諱言的是，別人的批評一定帶有主觀的意見，難免會有
偏激或謾罵的言論出現，這種情形特別容易發生在高層領導者的
身上。因為，高層領導者所做的決策，影響到的人數越多，對於
每一個個體的需求與照顧也越難周全，當然，所遭遇到的批評與
攻訐，也比旁人更多。

那麼，當我們不可避免要遭遇批評時，我們該如何自處呢？

或許，可以聽聽美國總統傑佛遜的答案。

有一次，德國科學家巴倫前來白宮，拜訪美國總統傑佛遜
時，不經意間在總統的書房裡看到一張報紙，細讀之下，發現上
面的評論，全是辱罵總統的攻擊之辭。

巴倫氣不過，抓起報紙憤憤地說：「你為什麼要讓這些謠言
氾濫？為什麼不處罰這家報社？至少也該重罰編輯，把這個不尊
重別人的傢伙丟進監獄。」

面對眼前氣得頭髮快要冒煙的巴倫，傑佛遜卻微笑著回答

說：「把報紙裝到你的口袋裡，巴倫。如果有人對我們實現民主和尊重新聞自由有所懷疑的話，你可以拿出這張報紙，並告訴他們你是在哪裡見到的。」

想要終結毀謗，最好的方式就是不去辯解，讓謠言不攻自破。

身處越高層的人，所得到的掌聲與注目越多，相對的所受到的攻擊也會與日俱增，誰教你目標顯著？

正所謂「譽之所至，謗必隨之」，敵人一定會從你的弱點不斷地攻來，能否坦然處之，不正中敵人下懷，就得看你如何運用智慧去化解危機。

新聞媒體的負面評論，當然一定會帶來相當大的影響，但是並非全世界的人都相信該媒體的說法。所以，如果傑佛遜如同巴倫一般惱羞成怒，甚至利用自己的權勢對該媒體進行施壓、報復，不就反而讓人以為他是心中有愧，被人刺中痛處，才有此舉動。

有些事越澄清越模糊，越解釋越讓人覺得可能還有所隱瞞，反而對自己不利，如此一來，麻煩揮之不去。

不如不動聲色地沉著應對，看清楚對手攻來的方向，看明白對手所持的武器，先側身避開要害，然後再伺機反擊，以子之矛攻子之盾，才能制伏敵人。

萬一不幸避之不及，最好先求保命，反正君子報仇，三年不晚嘛！

不好意思拒絕，會讓你更後悔

要在心裡默默地想著：雖然要維持別人對自己的
好感，但就算喪失了，也不是什麼大不了的事！

拿破崙曾經說過一番膾炙人口的話：「要暗殺一個人，可以
有各種不同的方式，用手槍、刀劍、毒藥，或者是道德上的暗殺。
這些方式的結果都是相同的，只是最後一種更為殘酷。」

最常見的道德暗殺就是惡意的批評，以及背後說人壞話。

許多人在和討厭自己的人相處時，常常會患得患失地檢討自
己可能哪裡做得不周到而讓對方如此討厭自己。如果被對方批評
或聽到別人說自己的壞話時，就會感到沮喪，漸漸地喪失自信。

有一種人會把所有做錯事的責任都歸咎於他人，自己卻一副
事不關己、充滿正義感或被害者的姿態，這就是無能者的特徵。

但是，當這種人稍微露出囂張的姿態來責備你的時候，你可
能反而會不自覺地說：「對不起！」「我錯了，請原諒我！」

很多人都會不自覺地向自己討厭的人或是真正做錯事的人道
歉，日子一久，漸漸地，你會發現到自己的不愉悅，這時你便會
開始逃避自己應該負起的責任。

此時，如果不立刻反擊對方或故意忽視對方存在，沒自我主
張的話，那你的精神和健康狀態就會越來越差。

所謂的自我主張能力，就是將恐懼、不安、偽裝……等等的

負面情緒及行爲釋放的一種作用。

和討厭的人相處，沒有自我主張的人就會產生不安感與緊張感，進而戕害自己的人格，這是一件不公平的事。

自我主張並不代表是幼稚、草率的表現，努力研究如何不和對方發生衝突的人，才是一個成熟的人。

那麼要怎樣才能當下明確地說出：「要」或「不要」呢？

其實，只要了解什麼是對自己來說是最重要的就夠了。也就是去區別，什麼是被批評也無所謂的事情，而什麼是被批評時不能悶不吭聲的事情。

不要時時刻刻被所謂的「不能讓別人認爲自己不好，身爲紳士或淑女是不能動怒的」這種想法牽絆。要在心裡默默地想著：雖然要維持別人對自己的好感，但就算喪失了，也不是什麼大不了的事！

就像現實生活中，有人因爲錯過了將「我愛你」說出口而後悔一生，也有人因爲無法說出「不」，而持續了並非本意的婚姻。

其實，這又何必呢？只要當下你做了傳達本意的動作，即使結果仍不是你想要的，至少你不會再後悔了。

適度的卑微，也是一種成功的手段

溝通的模式有千百種，唯有靈活運用智慧，
看準時機，善用方法，才能胸有成竹地完成
任務。

　　挺拔的大樹和柔韌的小草比較起來，的確是大樹威嚴強勢多了，但一旦颶風襲來，大樹卻往往難逃摧折的命運，反倒是那些看來柔弱不堪的小草，順風匍匐、搖曳，得以保全了自己。

　　其實，人生也是如此，強者不一定每次都能夠順利成功，硬碰硬的結果，很可能是兩敗俱亡，對誰都沒好處。

　　適度的卑微，在必要的時候，其實也可以是一種成功的手段。

　　愛因斯坦以提出相對論的理論而名聲大噪，但生活仍一如平日般樸實的他最討厭出風頭，面對接連不斷的作家採訪或畫家繪像的要求，他一概予以拒絕。

　　但是有一次，他卻改變了態度。

　　那一天，一位畫家前來請求為他繪製畫像。愛因斯坦照例以一貫的態度快速地回絕道：「不，不，我沒有時間。」

　　「但是……，不瞞您說，我實在非常需要畫這幅畫所得的錢啊。」畫家表情懇切地拜託愛因斯坦說。

　　「喔，那就是另外一回事了，」愛因斯坦見狀，改變了態度：「我現在就可以坐下來讓您畫像。」

　　愛因斯坦是一位極重原則與個人隱私的學者與科學家，他生性淡泊、不喜熱鬧、討厭記者，以及絕不多話的特色，幾乎和他對於科學的執著鑽研態度齊名。但是，這名畫家卻能突破他的心防，使得愛因斯坦改變初衷，坐下來讓他爲他畫肖像──原本他極爲厭惡的事。

　　因爲，這位畫家掌握了愛因斯坦心地仁慈的一面，說話之時善用了自己弱者的形象，於是輕鬆地達到目的。

　　每個人自然而然地會對比自己弱小的對象放下心防，或許伸出援手，或許緩下毒手，因爲狠不下心。因爲，有弱者的存在，才能突顯強者。

　　這個世界不可能人人永遠都當強者，所以，有時候示弱並不算丟臉，而是一種高明的心理戰術。

　　吹捧有兩種方式，一種是哄抬別人，一種是壓低自己的姿態，後者就是善用弱者的形象，是爲了達到目的的手段。

　　這個例子說明了，溝通的模式有千百種，唯有靈活運用智慧，看準時機，善用方法，才能胸有成竹地完成任務。

建立人際關係，從「聽話」做起

聚精會神地聆聽博學多聞的人談話，不僅能增進
自己的人際關係，獲得志同道合的朋友，也可以
從中萃取豐富自己人生所需的養分。

波斯作家薩迪曾說：「口中的舌頭是什麼？它是智慧寶箱的鑰匙，只要不打開，誰都不知道裡面裝的是珠寶還是雜貨。」

言語對於大部分普通人來說，是用來交流思想的，但是，對某些聰明人來說，則是用來掩蓋思想的。

交談的藝術，不只是讓人聆聽的藝術，也是聆聽別人說話的藝術，因此，在交談當中，一個人獨佔全部的話題，是一種無禮且不合情理的錯誤。

千萬要記著，大自然賦予人一條舌頭和兩個耳朵，爲的是讓人聽到的話兩倍於說出的話，如此才可能增長自己的智慧和人際關係。

在現實生活中，有許多人不僅不懂得說話，也不懂得「聽話」。

現代人的生活步調太過匆忙，大都缺乏耐心去聽別人談話，有時根本就不尊重正在與我們交談的人。

和別人交談的時候，我們往往表現得心不在焉，極不耐煩地左顧右盼，或者玩弄雙手和身邊的物品，或者不禮貌地打斷別人的談話。

　　總之，我們老是恨不得趕快結束這次談話，趕往下一個目的地，和另一個對象進行相同的會話。

　　這種現象正代表著，我們懷著急功近利的心態，生活在焦躁不安之中，不曾爲自己和別人留下深入交流的時間，生活的壓力推促著我們盲目地前進，在熙來攘往的人潮中推推擠擠，想擠出一條康莊大道，以便朝著夢想中的名利權勢奔去。

　　因爲欲求不滿足而滋生焦躁不安，是現代人最顯著的特徵之一。

　　除了追逐權勢、名位、財富之外，其餘的事物都不會令我們產生興趣，反而讓我們感到厭煩。

　　很多時候，我們和別人交往，並不是以建立彌足珍貴的情誼爲基礎，而是以功利的角度來衡量他們對自己的價值，評估他們能爲自己帶來多少助力，能否幫助我們達成自己的目的。

　　生活的緊張、繁忙與庸碌，使我們認爲自己沒有多餘時間去培養待人接物應有的優雅禮儀，也沒有時間吸收別人的優點，增強自己的內涵與學識。

　　殊不知，這種膚淺的想法與行爲，久而久之，就會使我們成了言語無味、功利市儈的世俗庸人，缺乏吸引別人接近的魅力。

　　其實，聚精會神地聆聽博學多聞的人談話，不僅能增進自己的人際關係，獲得志同道合的朋友，也可以從中萃取豐富自己人生所需的養分。

　　如果，你渴望建立一流的人際關係，讓自己獲得更多友誼和助力，首先，你必須從專心聆聽別人說話做起，以虛懷若谷的態度尊重別人的言談。

學會「轉彎」說話的技巧

打過繩結的人都知道，要是不小心打成了死結，
你越是硬扯，反而纏得越緊；想要解開繩結，必
須左拉右扯一步一步慢慢來。

西班牙大作家，《唐吉訶德》的作者塞萬提斯曾說：「貓兒
被捧上天的時候，也會以為自己就是獅子。」

確實如此，適時讚美別人是一種高明的處世技巧，從厚黑的
角度而言，被你捧上天的人即使是一頭「綿羊」，有時候為了顧
及自己的面子，也不得不強迫自己發揮「老虎」的能力來投桃報
李。就算對方對你釋出的善意不置可否，至少也會降低心中的敵
意。

阿珠與阿花是公司裡有名的世仇。阿花長得漂亮，加上做人
八面玲瓏，因此即使做錯了事，別人也不忍苛責，因此造成了阿
花凡事粗心大意、不拘小節的習慣，覺得做錯了反正也不會怎麼
樣。

偏偏阿珠最厭惡這一套，她看不慣阿花凡事馬虎、敷衍了事
的態度，因此處處針對阿花，只要一逮到機會便趁機諷刺阿花一
番；因為如此，雙方水火不容，還一度鬧上了經理辦公室。

有一次，阿花又不小心延誤了工作，於是受到阿珠毫不留情
地嚴厲譴責。顏面盡失的阿花，忍無可忍地對另一位同事說：

「麻煩你幫我轉達阿珠一聲,請她不要給臉不要臉,改改她的臭脾氣好嗎?」

同事拍著胸脯向阿花保證:「這點小事全包在我身上!」

果然,從那天之後,阿珠對阿花的態度有了一百八十度的轉變,見到阿花不只會親切地微笑,同時也不再斤斤計較阿花工作上的小毛病了,甚至還不時主動傳授幾招業務上的小技巧。

阿珠的態度大幅改變,令阿花感到受寵若驚,於是她趕緊去向那位傳話的同事道謝。阿花問道:「你真厲害,到底是怎麼對阿珠說的?」

那位同事笑著回答說:「其實,也沒說什麼,我只不過是告訴阿珠:公司裡有好多人都稱讚妳,尤其是阿花,她說妳是一個實事求是,值得好好學習的榜樣呢!」

中國有句俗話:「冤家宜解不宜結」,也有一句話說:「解鈴還需繫鈴人」,只要繫鈴人用對了方法,再複雜的結也可迎刃而解。

打過繩結的人都知道,要是不小心打成了死結,你越是硬扯,反而纏得越緊;想要解開繩結,必須左拉右扯一步一步慢慢來,光靠蠻力是沒有任何效果的。

這個道理用在人與人之間也是一樣,最需要忠告的人,通常最不願意接受忠告,與其苦心勸諫一個人,不如由衷讚美要來得有效。

用**幽默**的方式，表達你的意思｜全集

Humorous way to say your opinion

心理學家威廉‧詹姆斯曾說：「**幽默然不是什麼特異功能，卻能輕鬆化解原來尷尬或對立的場面。**」
幽默是人際交往最好的潤滑劑，當你遭遇尷尬、對立的場面，或是不同意某些觀點，與其和對方大眼瞪小眼，
甚至爭得臉紅脖子粗，倒不如適時藉由幽默的言行，巧妙地表達出自己的意思，更能達成一針見血的效果。

《罵人不必帶髒字》
系列暢銷作家
文彥博 編著

R
You
Black
or
White?

當代作家王蒙曾說：「**幽默是一種酸、甜、苦、鹹、辣混合的味道。嚐起來似乎沒有痛苦和狂歡強烈，但比痛苦狂歡還耐嚼。**」
默詼諧的方式看待人間百態，不僅能讓自己輕鬆愉快，更可以在風趣的言談中，輕而易舉地化解那些惱人的事情。
面對一樁又一樁惱人的事，與其憤怒地破口大罵，還不如先讓放鬆緊繃的心情，再用幽默的方法表達自己的想法。

操縱人心說話術 全集

作　　者	陶　然
社　　長	陳維都
藝術總監	黃聖文
編輯總監	王郡凌
出 版 者	普天出版家族有限公司
	新北市汐止區忠二街 6 巷 15 號
	TEL / (02) 26435033 (代表號)
	FAX / (02) 26486465
	E-mail：asia.books@msa.hinet.net
	http://www.popu.com.tw/
	郵政劃撥 19091443 陳維都帳戶
總 經 銷	旭昇圖書有限公司
	新北市中和區中山路二段 352 號 2F
	TEL / (02) 22451480 (代表號)
	FAX / (02) 22451479
	E-mail：s1686688@ms31.hinet.net
法律顧問	西華律師事務所・黃憲男律師
電腦排版	巨新電腦排版有限公司
印製裝訂	久裕印刷事業有限公司
出 版 日	2024 年 8 月第 2 版第 1 刷

ISBN◉978-986-389-941-9　　條碼 9789863899419
Copyright◎2024
Printed in Taiwan, 2024 All Rights Reserved

國家圖書館出版品預行編目資料
操縱人心說話術 全集 ／
陶然編著.—第 2 版.—：新北市, 普天出版
2024.8 面；公分.-（生活講義；178）
ISBN◉978-986-389-941-9（平裝）
CIP◉177.2